FINANZIELLE FREIHEIT FÜR LEHRER

„*Der Markt ist der einzig demokratische Richter, den es überhaupt in der modernen Wirtschaft gibt.*"

Ludwig Erhard

FINANZIELLE FREIHEIT FÜR LEHRER

$

Frei denken – Gut absichern –
Klug investieren

$

Ein politisch unkorrekter Ratgeber für
Lehramtsstudenten, Referendare, Jung-
lehrer und Politiker

Nicolas Kasteleiner

Nicolas Kasteleiner

2018–2019

Auflage 1

ISBN: 9781705516881

@
Nicolas Kasteleiner
Orffstraße 1
65611 Brechen
lehrerfreiheit@e.mail.de

Druck: Amazon Media EU S.à r.l., 5 Rue Plaetis, L-2338, Luxembourg

Mein herzlicher Dank geht an:

Korrektorat:

Johannes Jung

(www.ad-verba.de)

-

Covergestaltung:

Dennis Hauptvogel
(www.heimathafen-tattoo.de)

-

Beta Leser:

Carolin Naumann

*„Es ist kein Verbrechen, volkswirtschaftlich ungebildet zu sein,
alles in allem ist es ein spezialisiertes Lehrfach und eines, welches
die meisten Leute als »schwarze Wissenschaft« ansehen. Aber es
ist ganz und gar unverantwortlich, eine laute, lärmende Meinung zu ökonomischen Fragen zu haben, während man sich in
diesem Zustand der Unwissenheit befindet."*

Murray Rothbard

Inhalt

„Nichts ist in der Regel unsozialer als der sogenannte Wohl-
fahrtsstaat, der die menschliche Verantwortung erschlaffen und
die individuelle Leistung absinken läßt."

Ludwig Erhard

VORWORT

In diesem Ratgeber möchte ich meinen Lesern zeigen, wie sich als Angestellter oder verbeamteter Lehrer das eigene Denken schärfen, die Existenz absichern und das Vermögen zielsicher mehren lässt.

Dieses Büchlein basiert auf Berechnungen und Untersuchungen, die eigentlich nie für die Veröffentlichung gedacht waren, sondern für meinen persönlichen und für den internen Gebrauch an meiner Schule, einer Privatschule. Im Laufe der Zeit führte ich zahlreiche Gespräche zum Thema „Lehrerfinanzen" und es kam mir der Gedanke, alles in einem etwa 40 Seiten langen Konzept zusammenzufassen und zu veröffentlichen. Aber das Projekt wuchs und wuchs und als zum Jahreswechsel 2018/19 bereits 60 Seiten fertig waren, entschied ich mich, die Sache laufen zu lassen. Neue Ideen kamen hinzu und neue Gedanken wollten gedacht und niedergeschrieben werden. Nun liegt es da, mein Erstlingswerk – und es ist ein Buch, das man in dieser Form wohl kein zweites Mal finden wird.

Mein Stil ist mal sachlich, mal flapsig und meine Sprache schwankt von fachlich präzise bis umgangssprachlich. Meine Methodik ist ausreichend exakt für meine Zwecke, aber sicher weit entfernt von wissenschaftlich. Alles, was ich schreibe und rechne, dient einem Zweck und dabei kommt es nicht auf ultimative Präzision an.

Dem Leser präsentiert sich kein durchkomponiertes Werk, sondern ein organisch gewachsenes, sehr persönliches, politisch völlig unkorrektes, ganz sicher kontroverses, oft hemdsärmeliges und doch unglaublich hilfreiches Unikat. Viel Freude beim Lesen!

DISCLAIMER

Wir leben in irren Zeiten – und irre Zeiten erkennt man daran, dass das allgemeine Vertrauen sinkt. Der Bürger vertraut dem Staat nicht mehr (was, *cum grano salis*, gut ist) und der Staat vertraut den Bürgern nicht mehr (was schlecht ist). Hinzu kommt, dass freie Rede und gesunder Menschenverstand durch politisch korrekte Floskeln ersetzt werden, die keinen Sinn machen und ausschließlich der juristischen und moralischen Absicherung dienen. Die konkreten Manifestationen dieser Unmündigkeit sind der sogenannte „Disclaimer", oder auch die „Distanzierung", sowie die „gendergerechte Sprache". Beides Phänomene, die auf diesem Planeten der Klasse M und insbesondere in dieser Republik der Klasse B zur Meisterschaft gebracht wurden. Ersteres muss ich leider aus Selbstschutz mitmachen und um mich darüber lustig zu machen. Letzteres verweigere ich konsequent. Mir ist es völlig gleich, ob Du ein Mann, eine Frau oder irgendwas dazwischen oder darüber hinaus bist. Für mich bist Du der Leser; keine Leserin, kein Leserix oder sonst eine unästhetische Buchstabenfiguration. Lies das Buch oder lass es sein!

Weiterhin distanziere ich mich hier in aller Form von nahezu allem, insbesondere vom Nationalsozialismus. Nicht, dass der Nationalsozialismus irgendetwas mit diesem Buch zu tun hätte, aber ich will einfach auf Nummer sicher gehen. Ach ja, und von der Islamophobie distanziere ich mich auch noch, ebenso wie von der Homophobie, dem Diesel, der Klimaleugnung und der EU-Kritik. Dann distanziere ich mich noch von allen politischen Parteien rechts der Linkspartei und der Grünen, von der freitäglichen Schulpflicht, von Volksmusik, von Henryk M. Broder und Kaiser Wilhelm II. und seinen Freunden. Fehlt noch was? Ja, ich distanziere mich auch, und das ist heute Usus, von mir selbst und allem, was ich gerade oder irgendwann sagte, sage oder sagen werde. Mit mir wird es keine PKW-Maut geben!

Im Übrigen möchte ich darauf aufmerksam machen, dass ich keinerlei Ausbildung als Finanzberater, Versicherungsfachmann oder Steuerberater genießen durfte und dass damit jegliche diesbezüglichen Ratschläge, die in diesem Buch enthalten sein werden, keine Anlageberatung, Kaufempfehlung oder was auch immer darstellen.

Weiterhin können die von mir erteilten Ratschläge zum vollständigen Verlust Deines eingesetzten Kapitals führen. Das ist zwar mehr als unwahrscheinlich, kann aber sein. Wir verlieren dann aber zusammen, da ich alle in diesem Buch enthaltenen Ratschläge selbstverständlich selbst beherzige.

Also selbst wenn ich im Folgenden expressis verbis zu etwas rate, ist das in Wirklichkeit gar kein Rat, sondern nur meine persönliche Ansicht, die Du stets hinterfragen solltest. Hört sich komisch an, ist aber so.

Muss ich sagen, hat das Ministerium für betreutes Denken so verfügt.

Dennoch viel Freude und Erkenntnis beim kritischen Lesen!

1   EINLEITUNG

1.1   Persönliche Geschichte und Motivation

Während ich diese Zeilen schreibe, bin ich 37 Jahre alt und habe noch nie zuvor etwas publiziert. Mein ganzes Schul- und Berufsleben verlief zwar nicht ganz typisch aber dennoch ohne große Brüche, freilich mit einigen Rückschlägen Nichts daran ist spektakulär, abenteuerlustig oder übermäßig interessant. Meine bisherige Berufsvita könnte „kleinbürgerlicher" gar nicht sein und gerade deswegen ist sie die optimale Grundlage, um ein Buch wie dieses zu schreiben.

Beruflicher Werdegang

Nach dem Studium der Geschichte, Politikwissenschaften und Pädagogik an der Uni Mainz arbeitete ich einige Monate als Webdesigner, mein bisher einziger Ausflug in die freie Wirtschaft, und bewarb mich anschließend um einen Referendariatsplatz. Trotz guter Noten im Ersten Staatsexamen war kein Platz frei und ich kümmerte mich bereits um Praktikumsplätze und um eine Folgebeschäftigung als Webdesigner. Ich fand es gar nicht schlimm, nicht sofort ins Lehramt zu wechseln und war sogar ein wenig enttäuscht, als kurz vor dem Einstellungstermin dann doch noch ein Platz über die Nachrückerliste frei wurde. Meinen bereits geplanten New York Urlaub wollte ich aber nicht absagen und teilte der Behörde mit, dass ich meinen Dienst verspätet antreten werde, was wohl als „ungewöhnliches Verhalten" meinerseits interpretiert wurde. Man war dort offenbar traditionell mehr Gefolgschaft gewohnt. Ich fuhr dennoch in den Urlaub und verpasste, so meine späteren Mitreferendare, nichts von Belang. Etwas anderes hatte ich auch nicht erwartet.

Wie mein Dienst begann, so setzte er sich auch fort und mein Geschichtsausbilder attestierte mir schon bald Beratungsresistenz, was ich allerdings keineswegs als Makel aufgefasst habe. Geärgert hat es mich dennoch, da ich mit dem im Referendariat praktizierten Dogmatismus nicht klarkam und solche Muster mich bis heute abstoßen. Im echten Lehrerleben gilt es zu bestehen, locker und souverän 26 Stunden zu leisten, und zwar ohne diese weitere 26 Stunden vorbereiten zu müssen. Dieser ganze Didaktik-Firlefanz regt mich auch heute noch auf. Er führt nur dazu, dass kleine „Zauberlehrlinge" herangezüchtet werden, die zwar acht Stunden die Woche perfekt durchplanen können, aber bei einer vollen Stelle einen Nervenzusammenbruch bekommen. Wem soll das nützen?

Jedenfalls beendete auch ich nach Monaten der Qual das Referendariat mit einem Schnitt von 3,0 – wahrhaft keine Glanzleistung, aber mehr eine Bestätigung für meine Haltung als ein Attest begrenzter Fähigkeiten, wie sich später noch herausstellen sollte und wie mir meine Schüler auch bereits während des Referendariats rückgemeldet hatten. Da meine Ausbildungsschule mich nicht übernehmen wollte, war ich gezwungen, mich arbeitslos zu melden, was für einen ehemaligen Beamten auf Widerruf sofort Hartz IV bedeutet, da als Beamter keine Zahlungen in die Arbeitslosenversicherung erfolgen und damit auch kein Anspruch auf ALG 1 besteht. Also folgten vier Wochen „Arge". Es war erschreckend und erniedrigend zugleich, was ein Mensch, der auf Hartz IV angewiesen ist, erdulden muss. Es bedeutet nicht nur komplette finanzielle Abhängigkeit von der Behörde, sondern auch, und das ist viel schlimmer, persönliche Abhängigkeit vom Betreuer sowie

eine Aufgabe individueller Freiheitsrechte. Obwohl ich ein Wirt-
schaftsliberaler bin, lehne ich das Hartz-System vollständig ab! Es ist
schlichtweg inhuman. Ich meine nicht die Höhe der Grundsicherung
selbst, denn die halte ich für durchaus angemessen für Menschen, die
nicht arbeiten und damit die Solidargemeinschaft belasten. Aber freie
Bürger in ein Zwangsverhältnis zum Staat zu drücken, das weit über
finanzielle Abhängigkeiten hinausgeht, ist unwürdig und erzeugt be-
rechtigten Unmut. Ich erzähle das, weil es mich auf vielfältige Weise
geprägt hat und mit dazu beigetragen hat, dass ich heute ein Liberaler
bin und kein Sozialist. Menschen gehören einfach nicht in Abhängigkeit vom Staat, ganz egal in welcher Weise, denn die „Hilfe" des Staates ist nie uneigennützig und der Preis ist stets die Freiheit.

Gott sei Dank endete diese Phase nach bereits vier Wochen, als ich un-
erwartet ein befristetes Stellenangebot bekam. Es folgte ein Jahr als
Angestellter im Öffentlichen Dienst, eine extrem anstrengende, aber
auch schöne und lehrreiche Zeit. Der einfache Fahrweg von
70 Kilometern in Kombination mit meiner ersten vollen Stelle sowie
einem Stundenplan mit sieben Freistunden war schon eine Herausfor-
derung. Hinzu kam noch, dass meine damaligen privaten Verhältnisse
nicht ganz einfach waren und ich kaum Schlaf fand. Ich erinnere mich
aber noch heute gern an diese Zeit, da ich hier endlich zeigen konnte,
was ich kann, und ich erfuhr das erste Mal große Anerkennung von
Schülern, Kollegen und Vorgesetzten. Ich kann Dir, lieber Kollege, nur
empfehlen, das Referendariat durchzuziehen, selbst wenn es mal nicht
ganz rund läuft, denn der echte Lehreralltag hat absolut nichts mit der
Ausbildungssituation zu tun.

Nach einem Jahr im ÖD wechselte ich an die Privatschule, da ich auf
die mir in Aussicht gestellte Beamtenstelle ein Jahr hätte warten müs-

sen, was mir wenig erstrebenswert erschien. An der Privatschule bot man mir eine volle Stelle und ein durchaus ordentliches Einstiegsgehalt bei etwas kürzerem Fahrweg, weshalb ich die Stelle annahm. Offenbar war man dort mit meiner Arbeit ebenfalls zufrieden, so dass ich nach zwei Jahren Regeldienst als Klassenlehrer den ausscheidenden Stundenplaner, die Vertretungsplanerin sowie den IT-Beauftragten beerbte und kurz darauf auch Mitglied der Schulleitung wurde. Da es an meiner Schule kein System der betrieblichen Altersvorsorge gab und ich ebenfalls nicht in den Genuss einer Beamtenstelle kam, war ich gezwungen, mich mit anderen Formen der Altersvorsorge intensiv zu beschäftigen, denn mein erster Rentenbescheid lies mir Tränen in die Augen steigen. Der Staat war und ist offenbar der Ansicht, dass 2000 Euro Brutto-Rente bei einer Arbeitszeit bis 67 angemessen sind. Ich war und bin nicht dieser Ansicht! Ich schloss daher zunächst die damals vielbeworbene Riester-Rente sowie weitere Versicherungsprodukte ab, was aus heutiger Sicht keine so gute Idee war, aber dazu später mehr. Mit steigendem Gehalt fing ich an, in klassische gemanagte Investmentfonds zu investieren und schwenkte dann später, mit zunehmendem Wissen, auf günstigere und transparentere ETFs um. Da ich recht sparsam lebte und meine Fixkosten überschaubar blieben, kamen zunehmend auch Investments in Einzelaktien hinzu, ein unnötiges aber spaßiges und interessantes Geschäft, sofern man sich ordentlich einarbeitet.

Als ich schon nicht mehr damit gerechnet hatte, obwohl ich die Behörden sehr genervt habe, meldete sich dann doch noch Vater Staat (m/w/d) und berief mich jüngst, während ich an diesem Buch arbeite, in ein Beamtenverhältnis. Wie immer in meinem Leben bin ich für jeden vorherigen Umweg dankbar, denn die Umwege sind es, die einen einerseits bereichern und andererseits ständig erden. Nichts ist perfekt planbar und das ist auch gut so. Ich finde jedenfalls, dass mich mein bisheriger Lebensweg ausreichend qualifiziert, dieses kleine Buch zu schreiben und Dir, meinem Leser, den ein oder anderen brauchbaren Ratschlag mit auf den Weg zu geben – und ich hoffe, dass Du das nach der Lektüre auch so sehen wirst.

Persönliches

Ich bin ein Spießer und Rebell, ein „Wutbürger", ein Aufklärer und Besserwisser, ein Mensch, der etwas mitzuteilen hat und dessen Weltbild ein Produkt seiner Vita sowie gegenwärtiger Entwicklungen ist. So schreibe ich hier in Treue zu diesem Staat und seiner Verfassung, aber eingedenk des flächendeckenden Versagens seiner sogenannten Eliten und des Ausgreifens von Unfreiheit und Bevormundung auf das gesamte Staatswesen und seine Bürger; ein Prozess, der sich leider unter donnerndem Applaus der Bevölkerung sowie der tragenden Leitmedien vollzieht. Moralisierungen und Gutmenschentum haben offenbar vollends den Verstand abgelöst. Diesen Kampf gegen die Unmündigkeit möchte ich führen und Dich, lieber Leser, zu meinem Komplizen machen. Deine finanzielle Freiheit hat damit auch emanzipatorischen Charakter.

Als Autor übernimmt man eine Verantwortung, denn nicht alle Leser sind willens, sich intensiv mit sich selbst und ihrem Leben auseinanderzusetzen. Diese neigen dann womöglich dazu, meine Ratschläge unreflektiert zu kopieren und als Dogmen zu betrachten; so, wie sie zur Übernahme medial transportierter Propaganda erzogen wurden. Ich möchte meiner eigenen Zunft gegenüber nicht despektierlich klingen, aber meine Erfahrungen mit jungen Lehrern sind zumindest leicht besorgniserregend. Das ist nicht weiter verwunderlich, denn schließlich drängen zahlreiche junge Menschen nicht wegen des Tätigkeitsprofils, sondern wegen der Aussicht auf eine Beamtenstelle oder zumindest eine Anstellung im Öffentlichen Dienst in den Lehrerberuf. Es sind daher eher etatistisch veranlagte Persönlichkeiten, die nach Sicherheit und Versorgung suchen und daher ihr Wohl im Staatsdienst vermuten. Diese Klientel neigt tendenziell dazu, sich selbst politisch links zu verorten (hält sich aber witzigerweise für liberal, was ein Widerspruch ist), womit oft ein gespaltenes Verhältnis zu finanzieller Eigenverantwortlichkeit einhergeht in Kombination mit der Ablehnung marktwirtschaftlicher Systeme. In den meisten Lehrern, in den Damen noch mehr als in den Herren, schlummert eine tiefe Kapitalismuskritik, ein latenter Hang zu sozialistischem Gedankengut und ein Vertrauen darauf, dass der Staat schon irgendwie das Richtige tut. Dass diese jungen Kollegen sich damit unwissend in ein selbstverschuldetes Abhängigkeitsverhältnis begeben, nämlich zu eben dem Staat, den sie gleichzeitig verachten und anbeten (das linke Paradoxon), sehen sie nicht oder wollen es nicht sehen. Sie vertrauen schlichtweg darauf, dass alles ewig so weitergeht und berauben sich damit selbst der Chance, ihr Leben und ihre finanzielle Zukunft aktiver mitzugestalten. Jene Kollegen sind es gewohnt, Ideologien und Dogmen zu folgen und Verantwortung an Institutionen abzugeben, weil sie denken, dass der Staat berechtigt und befähigt ist, ein wie auch immer geartetes Gemeinwohl zu definieren und herzustellen. Echte liberale oder gar libertäre Freigeister finden sich unter den Lehrern leider selten. Da Eigenverantwortlichkeit und Freiheit aber einen libertären Geist erfordern, soll dieses Buch auch aufklärerisch wirken und wird dabei wohl den einen oder anderen Leser provozieren. Gut so!

Eine andere Gruppe von jungen Lehrern sieht zwar die Notwendigkeit zur Auseinandersetzung mit den eigenen Finanzen, hat aber eine Abneigung gegen das Thema entwickelt. Wieder andere wären durchaus bereit, sich mit Finanzfragen zu befassen, halten die Materie aber für zu komplex und sich selbst nicht für fähig, alles zu begreifen. Allen drei Gruppen kann geholfen werden, denn die Materie ist zwar komplex, aber weder langweilig noch undurchschaubar. Nach der Lektüre dieses Buches weißt Du mehr über Finanzen als 90 % der Bevölkerung und wirst auch in der Lage sein, Deinem Bankberater entweder selbstbewusst den Rücken zu kehren oder ihm zumindest auf Augenhöhe zu begegnen.

Der echte Freigeist folgt keinem Führer, nicht mal dem Reiseführer, und auch keinem geschriebenen Ratgeber. Er liest, denkt nach, recherchiert, wägt ab, überträgt Regeln auf das eigene Leben, filtert, selektiert, trifft schließlich am Ende eine Entscheidung und handelt völlig eigenverantwortlich. Er trägt alle Konsequenzen seines Handelns, er ist ein wahrer Chef im eigenen Haus.

In diesem Sinne schreibe ich dieses Büchlein als Essenz meiner Erfahrungen. Alles funktioniert für mich, für mein Leben und basiert auf meinen Erwartungen von der Zukunft, meinem Menschen-, Staats- und Weltbild, meinen Zielen. Und dennoch: Jeder, der schreibt, denkt natürlich, dass sein Wort von Wert ist und anderen einen Nutzen bringen kann. So denke ich eben auch, dass meine Erfahrungen, obwohl sie singulär sind, auf viele andere Personen in ähnlichen Lebensverhältnissen übertragen werden können. Meine Fehler, meine Erfolge, meine Erkenntnisse und Schlussfolgerungen sollen meinen Lesern als Anregung dienen, nicht als Blaupause. Was Dir nicht gefällt, das moduliere in Deinem Sinne. Missachte aber nicht die Botschaft selbst! Die Grundregeln sind im Kern unumstößlich, ihre exakte Anwendung hingegen obliegt jedem selbst.

1.2 Zielsetzung: Was will dieses Büchlein und was will es nicht?

Im Gegensatz zu den zahlreichen am Markt verfügbaren Ratgebern, die Dir den Weg hin zu Reichtum, Selbstverwirklichung und Lebensfreude weisen wollen, ist mein Anspruch etwas bescheidener und weniger „metamäßig". Ich will Dir nicht sagen, wie Du Dich selbst verwirklichen kannst und verspreche Dir auch keine Million in fünf Jahren. Dies ist ein Buch von einem Lehrer für andere Lehrer, wobei die gegebenen Ratschläge sicherlich zu einem großen Teil auf andere Berufsfelder übertragbar sind. Der bestehende Lehrerberuf ist also der Fixpunkt aller Ratschläge in meinem Büchlein, damit fallen aber 90 % der Tipps anderer Ratgeber weg. Denn diese verfolgen in der Regel das Ziel, Dich in eine Freiberuflichkeit zu drängen oder zum Unternehmer zu machen. Sie gehen davon aus, dass Du Dein Einkommen in vertretbarer Zeit exponentiell steigern kannst und verfolgen daher einen anderen Ansatz, der auch andere Mittel erfordert.

Ich hingegen will Dir zeigen, wie Du als Lehrer sukzessive Deinen Wohlstand steigern und Deine Existenz sinnvoll absichern kannst, um damit in großer Gelassenheit und Freiheit leben zu können. Zumindest bis sich Gretas grünes Reich des Grauens erhebt oder der rote Kevin Dich enteignet. Für das Gemeinwohl, nur zu Deinem Besten, Du weißt schon. Aber bis dahin geben wir noch mal Vollgas, mautfrei!

1.3 Was ist finanzielle Freiheit? – speziell für Lehrer

Du hast Dir dieses kleine Büchlein zugelegt, weil Dich der Titel angesprochen hat. Damit hast Du bereits gezeigt, dass Du auf dem richtigen Weg bist; und zwar auf einem Weg, den ein Großteil Deiner Berufskollegen nicht einschlagen wird, den Weg zu Eigenverantwortung, Wohlstand und Freiheit. Vermutlich hast Du aber gar nicht tiefergehend darüber nachgedacht, was „finanzielle Freiheit" konkret bedeutet. Fakt ist aber, dass dieser Zustand als recht angenehm und damit erstrebenswert gilt. Ich will eine kleine Definition wagen, damit wir beide wissen, worüber wir gerade schreiben bzw. lesen.

Zunächst schauen wir uns einmal an, was man alles unter finanzieller Freiheit verstehen kann und was die meisten Menschen darunter verstehen dürften. Als ich einen Freund danach fragte, was er unter finanzieller Freiheit verstehe, sagte er mir, dass dies für ihn ein Zustand sei, in dem er keine Sorgen mehr hätte, sich alles leisten könnte, was er wollte und auf seine Erwerbsarbeit verzichten könnte. In diesem Zustand könnte er sich dann selbst verwirklichen und nur noch die Dinge tun, die er tun möchte. Zudem könnte er jedem seine Meinung sagen, da er ja finanziell nicht mehr abhängig wäre und demnach auch weder vom Staat noch von einem Arbeitgeber bestraft bzw. unter Druck gesetzt werden könnte.

Ich muss schon sagen, dass mir diese Definition gefällt und dass dies auch immer meiner eigenen Ansicht entsprach. Dennoch ist diese Auffassung ganz und gar nicht motivierend, liegt sie doch in weiter Ferne und scheint nicht erreichbar zu sein. Weiterhin ist es gar nicht das Ziel dieses Büchleins, Dich dazu zu bringen, Deinen Beruf hinter Dir zu

lassen und in unendlichem Reichtum auf einer einsamen Insel zu ver-
gammeln. Das halte ich nicht für erstrebenswert. Wir wollen doch lieber realistisch bleiben! Dieses Buch unterscheidet sich damit auch von
vielen anderen Ratgebern zum selben Thema, denn es führt Dich vermutlich nicht zu Reichtum und absoluter Freiheit – die kann es im
Lehramt ohnehin nicht geben, dazu sind die Einkommen viel zu gering. Richtig reich wird man nur als Unternehmer oder als Investor,
wir sind aber nun mal Lehrer und wollen es auch bleiben. Mein Ansatz
ist daher folgender: Wir müssen sparen, unser Einkommen steigern,
unnötigen Ballast abwerfen und schließlich Schritt für Schritt zu Investoren werden und zudem, wenn wir es können, kleine unternehmeri-
sche Schritte gehen. In beiden Fällen entkoppeln wir unser Einkommen
von der aufgewendeten Arbeitszeit und gewinnen an Freiheit und
Wohlstand. Freilich hat dieser Ansatz seine Grenzen.

Ich verstehe finanzielle Freiheit daher als einen Schritt hin zur Ver-
wirklichung dieses Ziels, als einen Weg, einen Prozess, der Dich und
Deinen Kontostand Stück für Stück wachsen lässt. Mit jedem Schritt,
den Du auf diesem Weg gehen wirst, wirst du mehr Sicherheit verspüren, Dein Selbstbewusstsein wird wachsen, das Gefühl, die Kontrolle
über Dein Leben zu haben, wird sich steigern und Dein Wohlstand
wird zunehmen. Du wirst zunehmend weniger Druck verspüren, Deinen Beruf ausüben zu *müssen* und damit wird Dir alles leichter fallen,
denn Dein freier Wille tritt sukzessive an die Stelle eines materiellen
Zwanges. Auch wenn Du womöglich nicht reich werden wirst, so wird
es Dir mit der nötigen Disziplin und dem nötigen Risikobewusstsein
doch gelingen, sehr wohlhabend zu werden. Diesen Wohlstand kannst
Du als finanzielle Freiheit auf Raten bezeichnen. Du wirst zwar aller
Wahrscheinlichkeit nach nicht in der Lage sein, Deinen Beruf aufzuge-
ben, aber Du kannst nach einiger Zeit Stunden reduzieren, Deine

Work-Life-Balance optimieren und Dir das ein oder andere Sabbatjahr leisten. Wenn Du es schaffst, mit steigendem Vermögen und Einkommen Deinen Lebensstandard nicht unnötig zu erhöhen und relativ bescheiden zu bleiben, dann kannst Du auch ganz sicher zum frühestmöglichen Zeitpunkt in Pension bzw. Rente gehen oder, falls Du das gar nicht möchtest, Deine Arbeitszeit gegen Ende Deiner Berufslaufbahn erheblich reduzieren, um mehr Zeit für Deine Leidenschaften oder Deine Familie zu haben. Letzteres ist aktuell eher mein Ansatz. Ich möchte nicht mit 62 in Pension gehen, aber auch nicht bis 67 mit voller Stelle arbeiten. Ich möchte nicht auf den Ruhestand hinarbeiten, sondern mir Freiräume erarbeiten, die meine Lebensentscheidungen noch während meiner Erwerbszeit von materiellen Zwängen lösen.

All das geht nicht von heute auf morgen und es erfordert zunächst eine Veränderung Deiner Haltung, denn finanzielle Freiheit beginnt nicht beim Handeln, sondern beim Denken. Daher musst Du zunächst von der Gesellschaft vorgelebte Werte über Bord werfen und Dir ein Mindset zulegen, das Dir persönliches Wachstum ermöglicht und einen positiven Zugang zu Deiner Persönlichkeitsentwicklung und zu Geldthemen erlaubt. Zudem gilt es, Klarheit über einige medial vermittelte Vorurteile über das Beamtentum und den Öffentlichen Dienst zu erlangen. Du musst ja wissen, wo Du stehst.

2   DER ÖFFENTLICHE DIENST: DICHTUNG UND WAHRHEIT

Wenn ich mit meiner Familie oder mit Freunden zusammen bin, kommt hin und wieder natürlich das Gespräch auf den Lehrerberuf und den damit verbundenen Beamtenstatus. Die diesbezüglichen Vorurteile sind nahezu Gemeingut und ich bräuchte sie im Grunde gar nicht darzulegen, mache es aber dennoch, weil es bitter nötig ist, gewisse Sachverhalte klarzustellen, gerade für den Lehramtsinteressierten selbst. Er selbst ist ja auch Opfer jener Vorurteile, und auf diesen Fake News seine berufliche Zukunft zu gründen, halte ich für keine sehr gute Idee.

2.1 Lehrer haben einen Halbtagsjob und drei Monate Urlaub

Glaubst Du, dass die Rate psychischer Leiden, von Depressionen und Burnout, gerade bei Lehrern so hoch ist, weil die Betroffenen alle unfähige Faulenzer sind und im Grunde von Anfang an den falschen Job gewählt haben und dass das alles auf Dich nicht zutrifft? Denkst Du weiterhin, dass Du in allen Ferien frei hast und in den Urlaub fahren kannst? Sollte das Deine Motivation sein, dann wechsle heute noch Deinen Studiengang oder mache nach dem Referendariat lieber etwas anderes, sofern Du noch jung bist.

Ja, Lehrer haben auch mal kurze Arbeitstage und da sieht man sie im Schwimmbad, beim Einkaufen, im Garten oder sonst wo. Das heißt aber im Umkehrschluss, dass sie an anderen Tagen sehr lange Unterricht haben oder am Wochenende arbeiten. Gerade als Gymnasiallehrer sind lange Tage mit Nachmittagsunterricht eher die Regel als die Ausnahme, zumindest wenn man in der Oberstufe eingesetzt ist. Hinzu kommen Korrekturen (teilweise frustrierend, zeitintensiv, wenig konstruktiv), Unterrichtsvorbereitung, Konferenzen und all die kleinen Dinge, die man von Dir erwartet und die, im Unterschied zu vielen anderen Berufen, weder bezahlt werden noch als Überstunden abgefeiert werden können. Das ist beim Lehrergehalt alles all inclusive, und zwar völlig egal, wie viel Zeit es in Anspruch nimmt.

Auch Dein Arbeitstag als Lehrer ist nicht zu vergleichen mit einer Bürotätigkeit. Du musst immer zu hundert Prozent aufmerksam sein. Mal ne Kippe rauchen oder einen Kaffee trinken oder mal schnell die privaten Mails checken? Njet! Das geht höchstens in Deinen Freistunden, aber die gehören gar nicht zur Arbeitszeit und sind im Unterschied zum morgendlichen Toilettengang des typischen Bürofuzzis auch nicht bezahlt.

Hinzu kommt der enorme Geräuschpegel. Ich habe mich immer amüsiert über die Kollegen, die nur die jungen Jahrgänge unterrichtet haben, da dort der Korrekturaufwand deutlich geringer ausfällt. Seit ich selbst 5er unterrichte, bin ich geläutert! Ja, formal ist das weniger Arbeit, das ist richtig, aber die nervliche Belastung ist ungleich höher als bei einem Oberstufenkurs. Die Lehrtätigkeit unterscheidet sich besonders von Bürotätigkeiten aller Art durch eine enorme Dichte und Intensität der Arbeitszeit, und wer das nicht selbst erlebt hat, der kann da nicht mitreden.

Hinzu kommt außerdem, dass Du als Lehrer nahezu immer Arbeit hast oder Gedanken an Deine Arbeit aufwendest, nichts ist einfach mal fertig. Dies gilt auch für zu Hause, auch in den Ferien, auch in Deiner Freizeit. Dieser Beruf lässt Dich nie zur Ruhe kommen. Vergiss auch nicht die Eltern! Der Umgang mit schwierigen Eltern und Schülern kann Dir das Leben zur Hölle machen, gerade dann, wenn Du eine Schulleitung hast, die Dir nicht den Rücken freihält.

Kommen wir noch zum Thema Ferien. Nach zehnjähriger Berufserfahrung als Gymnasiallehrer muss ich Dir einen weiteren Zahn ziehen. Mit einer vollen Stelle und einem gemäßigten Einsatz in der gymnasialen Oberstufe kannst Du mit etwa fünf Wochen Sommerferien, einer Woche Herbstferien und einer Woche Weihnachtsferien rechnen, das wars! Du fragst Dich, was mit den Osterferien ist? Na, da schreibst Du Abiturgutachten! Und was ist mit den anderen Ferienwochen? Nun, da korrigierst Du Deine Klausuren, denn die hast Du Dir genau vor die Ferien gelegt, da Du im Alltag schlichtweg nicht dazu kommst – zumindest, wenn Du Deinen Unterricht noch halbwegs sinnvoll vorbereiten möchtest. Das betrifft im Übrigen auch mindestens jeden zweiten Samstag und/oder Sonntag im Jahr, denn Du kannst nicht alle Klausuren vor die Ferien legen.

Das Problem ist einfach, dass die Lehrerarbeitszeit jenseits der pflichtmäßig zu haltenden Schulstunden kaum valide messbar ist und dass wir Lehrer dahingehend auch kein Verständnis seitens der Politik, der Gesellschaft oder der Medien erwarten dürfen. Allenfalls Grundschullehrer haben noch eine Lobby und mediale Unterstützung, Gymnasiallehrer sicher nicht. Lebe damit oder suche Dir besser einen anderen Beruf!

Das hört sich alles nicht sehr motivierend an und vielleicht stellt sich Dir nun die Frage, ob das immer so laufen muss und ob das Lehrerleben nicht auch verträglicher und vor allem freudiger ablaufen kann. Ja, das geht schon, aber obige Schilderung ist definitiv realistisch und gerade nicht die absolute Ausnahme. Natürlich geht das auch besser. Falls Du ein Naturtalent bist, super improvisieren kannst, extrem diszipliniert bist, keinen Fahrweg zur Schule hast und zudem Kunst und Sport unterrichtest, keine Oberstufe hast und kinderlos bist, dann sieht Dein Alltag deutlich entspannter aus. Denn vor allem die Korrekturen rauben Dir Deine Freizeit und sind die eigentliche Quälerei, nicht der Unterricht selbst. Als recht entspannt empfinde ich meist die ersten drei Wochen nach den Sommerferien sowie die letzten zwei Wochen vor den Sommerferien, denn da ist normalerweise nichts zu korrigieren. In diesen Phasen, und das muss man fairerweise auch zugeben, liegt die Lehrer-Arbeitszeit bei unter 40 Wochenstunden. In Korrekturphasen steigt sie dafür aber auch mal auf 50 oder gar 60 Stunden an.

Fakt ist, egal wie Du es drehst oder wendest, der Lehrerberuf ist weder ein Halbtagsjob noch hast Du wesentlich mehr Ferien als der Rest der werktätigen Bevölkerung. Und das bisschen, was Du vielleicht doch noch mehr hast, wird durch den Ferienzwang abgewertet. Ein normaler Angestellter mit 30 Tagen Jahresurlaub kann mit einer guten Nutzung der Brückentage und einigen abzufeiernden Überstunden auf dieselbe Netto-Urlaubszeit kommen wie ein Oberstufenlehrer, und das zeitlich noch weit flexibler. Zudem kann er viel günstiger und entspannter Urlaub machen.

Man kann mit all dem umgehen lernen, aber man muss sich dessen einfach bewusst sein. Der Lehrerberuf ist vermutlich einer der anstrengendsten Berufe, die es gibt, und er ist oft gerade nichts für diejenigen, die ihn so sehr anstreben.

Das klingt alles tendenziell negativ und ich muss auch eingestehen, dass mir viele Aspekte des Berufs auf die Nerven gehen und ich mit dem meisten didaktischen, pädagogischen und rein verwaltungstechnischen Neuerungen auf Kriegsfuß stehe. Die Lehrtätigkeit selbst gerät zunehmend in den Hintergrund und die ständigen Elterninterventionen gehen mir auf die Nerven. Dennoch gibt es wenige Berufe mit einem so großen Gestaltungsspielraum, und wer diesen zu nutzen weiß, der kann richtig Freude daran haben. Ich freue mich zum Beispiel stets darüber, PoWi-Leistungskurse zu unterrichten. Das macht mir richtig Spaß und lässt mich über negative Aspekte hinwegsehen.

2.2   Beamte verdienen viel

Ich möchte diese Frage etwas auf meinen Leserkreis eingrenzen. Lehrer sind, je nach Lehrbefähigung, der Besoldungsgruppe A 12 oder A 13 zuzuordnen; Oberstudienräte werden nach A 14 besoldet. Der Einfachheit halber beziehe ich mich in meiner Analyse auf einen Gymnasiallehrer mit geringer Berufserfahrung, kurz gesagt: A 13, vier Berufsjahre, Erfahrungsstufe 2. Als Datengrundlage dient mir der hessische Tarifvertrag. Dies ist aber weitgehend irrelevant, da sich die Beamtengehälter in den Ländern kaum unterscheiden, und dort, wo es Unterschiede gibt, werden diese mit den kommenden Tarifrunden 2019 abgebaut werden. Auch bei den Angestellten im ÖD ist nahezu kein Unterschied zwischen dem Land Hessen und der Tarifgemeinschaft der Länder auszumachen, so dass alle Erkenntnisse auf alle deutschen Lehrer übertragbar sind.

Unser Musterlehrer verdient etwa 4200 Euro brutto und nach Abzug von Steuern etwa 3200 Euro netto. Davon ziehen wir einen durchschnittlichen Beitrag zur privaten Krankversicherung von 200 Euro für den leistungsreduzierten Basistarif ab. Wir kommen also auf ein effektives Monatsnetto von ziemlich exakt 3000 Euro. Da Beamte kein Weihnachts- oder Urlaubsgeld bekommen, ist dies auch das endgültige Monatsnetto.

Nun müssen wir den Verdienst dieses Musterlehrers gesamtgesellschaftlich einordnen, um die Frage zu beantworten, ob das wirklich ein gutes Gehalt ist. Ich möchte zu diesem Zweck einige Vergleichsgruppen auswählen, die ich für geeignet halte. Erstens einen Angestellten im Öffentlichen Dienst, der exakt den gleichen Beruf ausübt, eben nur kein Beamter ist, zweitens den gesamtdeutschen Durchschnittsverdiener und drittens den durchschnittlichen Hochschulabsolventen.

Beginnen wir den Vergleich mit dem Angestellten im ÖD. Dieser ist nach vier Berufsjahren in die Erfahrungsstufe 3 einzuordnen und verdient damit etwa 4300 Euro brutto, also 100 Euro mehr als der Beamte. Hinzu kommt, dass der Angestellte ein dreizehntes Monatsgehalt gezahlt bekommt, welches 60 % eines Monatsbruttos entspricht. Dies müssen wir verrechnen, womit wir für den Angestellten im ÖD auf ein Monatsbrutto von etwa 4500 Euro kommen. Immerhin 300 Euro mehr als der Beamte. Da sich aber vom Brutto niemand etwas kaufen kann, ist natürlich der Nettolohn von größerer Bedeutung – und hier können die Beamten punkten, denn den 3000 Euro des Beamten stehen nur 2680 Euro des Angestellten gegenüber. Der Beamte liegt also mit 320 Euro vorn, nicht schlecht! Der Unterschied wird aber im Laufe der Dienstzeit geringer, da die Gehälter der Angestellten viel schneller steigen als die der Beamten.

Als zweite Vergleichsgruppe soll uns nun der „Durchschnittsdeutsche", den es natürlich so nicht gibt, dienen. Hierbei ist es wichtig, dass wir uns nicht von medial kommunizierten Falschaussagen täuschen lassen. Der einzig zulässige Vergleich muss sich auf Vollzeitkräfte beziehen, alles andere ist völliger Unsinn und dient allenfalls politischen Zielen, nicht aber dem Erkenntnisgewinn. Zudem sollten wir den statistisch aussagekräftigeren *Medianwert* dem Durchschnittswert vorziehen, sofern ein solcher zugänglich ist. Dieser muss auch pro Person und nicht pro Haushalt betrachtet werden. An aktuelle Daten zu kommen, die all diese Voraussetzungen erfüllen, ist gar nicht so einfach. Mir ist es auch nicht in allen Fällen gelungen, aktuelles Datenmaterial zu beschaffen, so dass ich die mir zur Verfügung stehenden Daten des Statistischen Bundesamtes (Destatis) von 2014 bemühe und diese mit einer durchschnittlichen Anpassung von 2 % auf das Jahr 2018 hochrechne. Es geht hier nicht um Erbsenzählerei, sondern nur um einen Orientierungswert für Berufseinsteiger bzw. eine Entscheidungshilfe. Für 2014 gibt das Destatis einen Median-Bruttomonatsverdienst für Vollzeitbeschäftigte von 3441 Euro/Monat an, womit wir für 2018 bei ziemlich exakt 3800 Euro/Monat landen. Daraus ergibt sich ein Nettolohn von etwa 2340 Euro/Monat, was wiederum 78 % des Beamtenlohns von ca. 3000 Euro entspricht. Wenn wir davon ausgehen, dass der Medianlohn alle Berufsgruppen abbildet, also auch schlecht oder gar nicht ausgebildete Personen, so halte ich dieses Lohnplus der Beamten gegenüber der Vergleichsgruppe nicht gerade für einen Skandal. Ich finde sogar, für eine akademische Ausbildung und einen damit verbundenen sehr späten Berufseinstieg könnte es ruhig auch etwas mehr sein.

Wie sieht nun der Vergleich mit den Fachkräften mit akademischem Abschluss aus? Laut dem *StepStone*-Gehaltsreport von 2017 liegen hier die Durchschnittsgehälter (Medianwerte lagen nicht vor) bei etwa 65.000 Euro/Anno brutto, was einem Monatsbrutto von etwa 5400 Euro entspricht. Daraus ergeben sich netto etwa 3130 Euro, was leicht über den Beamtengehältern von 3000 Euro liegt. Freilich hinkt auch dieser Vergleich etwas, da dieser Wert über alle Alterskontingente streut, wohingegen wir unser Lehrergehalt mit vier Jahren Berufserfahrung gewählt haben. Als grober Richtwert dient der Vergleich aber allemal und letztendlich stellen wir fest, dass ein Lehrergehalt relativ genau dem Durchschnitt aller akademischen Gehälter entspricht.

Damit sind die Beamten im Vergleich mit allen Akademikern, egal ob im ÖD oder in der freien Wirtschaft beschäftigt, weder übermäßig privilegiert noch benachteiligt. Deutsche verbeamtete Lehrer verdienen also nicht zu viel!

2.2.1 Löhne: Entwicklung und Ausblick

Niemand kann zukünftige Entwicklungen mit Gewissheit vorhersagen. Dennoch lassen sich auf der Basis historischer Daten in Kombination mit einer sachlichen Betrachtung und Deutung aktueller Sachlagen plausible Erwartungen formulieren.

Während die Bruttogehälter für die Angestellten im ÖD (TV-H 13) in der höchsten Erfahrungsstufe seit 2010 netto um 21 % gestiegen sind, waren es bei den Beamten nur 11 %. Diese Entwicklung ist auf drei Hauptursachen zurückzuführen. Erstens stiegen die Angestelltengehälter pro Jahr prozentual geringfügig stärker an (nicht vergessen, Angestellte haben eine Lobby und dürfen streiken, Beamte nicht!). Zweitens gab es für die Beamten in Hessen eine Nullrunde und ein weiteres Jahr mit Besoldungsanhebungen von nur 1 %. Drittens wurde für die Angestellten jüngst eine sechste Erfahrungsstufe eingeführt, welche die Gehälter weiter erhöhte. Das Ergebnis dieser Entwicklungen ist, dass Beamte aktuell, Ende 2018, „nur" noch etwa 15 % mehr verdienen als Angestellte mit vergleichbarer Eingruppierung. Das klingt jetzt zunächst einmal immer noch recht viel, wenn wir nun aber die in den letzten Jahren stark steigenden Beiträge zur PKV gegenrechnen, entsteht ein ganz anderes Bild. Von den knapp 500 Euro Nettolohnvorteil der Beamten (vgl. Gehaltstabellen am Ende des Kapitels) müssen ja noch die Beiträge zur PKV abgezogen werden und diese liegen für einen etwa 30-jährigen Lehrer bei knapp 300 Euro im Monat. Damit haben die Beamten noch ein reales Plus von knapp 200 Euro gegenüber den Angestellten, das sind etwa 6–7 %. Beamte verdienen also heute nicht mehr wesentlich mehr als Angestellte, und es wundert mich immer noch, dass selbst Betroffene beider Gruppen das nicht wissen. Offenbar ist der „bevorteilte Beamte" bereits zu einem Mythos geworden, dem sich mit Vernunft kaum mehr beikommen lässt. Also liebe Angestellte, locker bleiben!

Und wie geht es nun weiter? Je klammer die Haushalte der Länder werden, desto mehr wird gespart werden – und da bieten sich die Beamten natürlich an, da ohnehin jeder denkt, sie seien überbezahlt. Hinzu kommt, dass ihnen die öffentlich-mediale Unterstützung fehlt, da sich in ihren Reihen keine angeblich schlecht bezahlten Erzieher, Altenpfleger und Krankenschwestern befinden. Weiterhin fehlt ihnen das Streikrecht.

Neben der eher demotivierenden Gehaltsentwicklung wird auch ständig an den Beihilferegelungen geschraubt, womit sich neben den stark steigenden Beiträgen zur PKV die Gesundheitskosten für den einzelnen Beamten darüber hinaus weiter erhöhen dürften. Für die Angestellten hingegen wurde soeben die paritätische Beitragsfinanzierung in der GKV wieder eingeführt, so dass hier sinkende Kosten für die Angestellten die Folge sind, was in einem weiteren Nettolohnzuwachs resultiert. Man darf auch nicht vergessen, dass der Angestellte sein Höchstgehalt bereits nach 16 Jahren erreicht, wohingegen der Beamte 23 Jahre darauf warten muss, was die ohnehin nicht allzu großen Unterschiede weiterhin abschmelzen lässt. Sollten die hier skizzierten Entwicklungen in ähnlicher Intensität noch weitere fünf bis sechs Jahre fortgeschrieben werden, so dürften sich die Vorteile des Beamtentums zumindest aus monetärer Sicht weitgehend erledigt haben und könnten sogar kippen, gerade wegen der Beitragsentwicklungen in der PKV.

Ich möchte diesen kurz- bis mittelfristigen und für die Beamten eher negativen Prognosen allerdings eine langfristigere Sichtweise gegenüberstellen. Erstens ist der Gesetzgeber kraft Verfassung dazu verpflichtet, seine Beamten angemessen zu alimentieren und an der allgemeinen Lohnentwicklung partizipieren zu lassen. Das heißt, der Staat kann dieses „Spielchen" nicht unendlich weit treiben, auch wenn es hier keine klaren Grenzen gibt, das müssen dann die Gerichte entscheiden. Weiterhin dürften bei gleichbleibender demografischer Entwicklung auch die Beiträge der gesetzlich Versicherten sowohl bei der Krankenkasse als auch bei der Rentenkasse langfristig weiter steigen. In wirtschaftlich schlechten Zeiten könnte dies auch die Beiträge zur Arbeitslosenversicherung betreffen. Dies träfe nur die Angestellten und die Beamten blieben davon weitgehend verschont. Sie müssen eben an anderer Stelle bluten (s. o.).

Letztendlich ist es kaum absehbar, wie sich die Gehälter im Öffentlichen Dienst entwickeln werden, aber zwei Prognosen sind für mich plausibel: Erstens wird sich die Kluft zwischen Beamten und Angestellten im ÖD weiter verringern und die wirtschaftliche Gesamtsituation beider Gruppen wird sich weitgehend annähern. Zweitens werden beide Gruppen aufgrund der Lage der öffentlichen Haushalte mit geringeren Lohnzuwächsen rechnen müssen als die Vergleichsgruppe der Akademiker in der freien Wirtschaft. Diese Tendenz ist bereits heute zu beobachten.

Drittens, und dies kann als Fazit gesehen werden, werden tendenziell beide Gruppen im ÖD mittelfristig eine Kaufkraftstagnation hinnehmen müssen, da die tariflichen <u>Netto</u>-Lohnerhöhungen stets unterhalb der Inflation liegen. Die von den regierungstreuen Medien regelmäßig propagierten „Reallohnzuwächse" sind alle auf die Bruttolohnentwicklung bezogen. Aber hast Du schon mal Deinen Strom vom Bruttolohn bezahlt? Ich jedenfalls nicht.

2.2.2   Löhne und Gehälter: Tabellen

Angestellte

Entgeltgruppe TVH-E 13	1	2	3	4	5	6
Bruttogehalt	3677	4078	4297	4721	5308	5468
Nettogehalt	2178	2353	2453	2656	2916	2984
Brutto + Sonderzahlung	3861	4282	4511	4957	5574	5657
Netto + Sonderzahlung	**2370**	**2573**	**2686**	**2915**	**3216**	**3256**
Veränderung in %	/	+8,5	+4,3	+8,5	+10,3	+1,2
Veränderung von 1–6 (16 Dienstjahre)	+37,3 (netto)					

Beamte

Besoldungsgruppe A 13	1	2	3	4	5	6	7	8
Bruttogehalt	4068	4209	4412	4616	4756	4897	5037	5175
Nettogehalt	**3116**	**3200**	**3319**	**3436**	**3515**	**3594**	**3672**	**3748**
Veränderung in %		+2,7	+3,7	+3,5	+2,3	+2,2	+2,2	+2,1
Veränderung von 1–8 (23 Dienstjahre)	+20 (netto)							

2.3   Die Rente ist sicher

Bereits im vorangegangenen Kapitel habe ich etwas Spekulation betrieben, wobei ich mir dort meiner Analyse und den diesbezüglichen
Prognosen recht sicher bin. Hierzu liegt zumindest Datenmaterial vor
und es gibt gesamtökonomische Entwicklungen und Zwänge, denen
sich auch der Staat als Arbeitgeber nicht entziehen kann. Eine belastba-
re Prognose über die Entwicklungen von Renten, Zusatzversorgungs-
kassen und Pensionen anzustellen, gleicht hingegen reiner Kaffeesatz-
leserei, wenn man mal von einigen allgemeinen Tendenzen absieht.

Über die staatliche Rente, die auch die Basis der Altersversorgung der
Angestellten im ÖD darstellt, lassen sich einige Annahmen treffen, die
teilweise bereits gesetzlich verbrieft sind. Ich halte es kurz: steigende
Beiträge, sinkende Renten und faktische Altersarmut für alle, die kein
weit überdurchschnittliches Einkommen über mindestens 40 Jahre
vorweisen können. Diese Entwicklung ist absolut sicher und kann
auch nicht aufgehalten werden, sofern es bei einem Umlagesystem
bleibt. Bereits heute ist das System vollständig gescheitert und die Rentenkassen müssen mit über 100 Milliarden Euro pro Jahr aus dem
Steueraufkommen subventioniert werden. Etwa ein Drittel des gesamten deutschen Haushalts geht dafür drauf! Jahr für Jahr! Es sind also
nicht die Pensionsaufwendungen, die den Staat arm machen, sondern
die Stützung der Rentenkassen. Aber das liest man natürlich nicht in
der Zeitung und hört es schon gar nicht zur Primetime im Fernsehen.
Warum wohl?

Pensionszahlungen und Zusatzrenten aus den Zusatzversorgungskas-
sen (VBL) sind nicht umlagefinanziert, sondern speisen sich, zumindest theoretisch, aus angespartem Vermögen (Pensionsfonds). Auch

diese Kassen sind defekt und überlastet, die Auszahlungen sind höher als die durch diese Kassen und Fonds erwirtschafteten Kapitalerträge. Ähnlich wie bei der gesetzlichen Rente beruhen hier die Auszahlungen an die Versorgungsempfänger nicht auf dem tatsächlich in diesen Töpfen vorhandenen Geld, sondern sind willkürlich per Gesetz bestimmt. Das hat gute und schlechte Seiten. Gut ist, dass jeder einzelne in der Regel aktuell mehr Anwartschaften erwirbt, als er bei aktueller Zinslage am Markt je bekommen dürfte. Schlecht ist, dass auch dies die Solidargemeinschaft bezahlen muss. Schlecht ist auch, dass sowohl die Berechnungsgrundlage der VBL als auch der Pensionen jederzeit durch ein Gesetz geändert werden können, und zwar auch sehr kurzfristig. Die Österreicher haben es hier bereits 2003 vorgemacht und die Pensionsberechnung, natürlich zu Ungunsten der Beamten, radikal umgebaut. Ähnliche Anläufe bzgl. der VBL gab es die letzten Jahre ebenfalls. Zwar ist daraus vorerst nichts geworden, aber diese Ideen sterben nie!

Niemand weiß also, wohin die Reise geht, aber sicher ist, dass der Weg nicht bergauf führen wird. Sicher ist aber auch, dass die Angestellten im ÖD und die Beamten dauerhaft und für immer besser dastehen werden als jene Rentner, die nur eine staatliche Rente beziehen. Rechte und linke Demagogen sehen in dieser Erkenntnis stets eine Verteilungsungerechtigkeit und beglücken den Pöbel mit sinnlosem Ideenmüll. Dazu mal etwas zur Aufklärung: Rente und Pension sind nicht vergleichbar und dürfen auch nicht verglichen werden. Denn im Falle der „normalen" Rentner tritt der Staat eben nur als Verwalter der Rentenkasse auf, wohingegen er bei den Angestellten im ÖD und bei den Beamten als Arbeitgeber auftritt. Und als solcher hat der Staat entschieden, eben weil er gute Mitarbeiter benötigt, dass er diesen eine Betriebsrente zukommen lässt. Im Falle der Beamten ist diese ein nicht definierter Anteil der Pension (ja, juristisch ist das nicht ganz korrekt, aber es dient dem Verständnis) und im Falle der Angestellten ist dies die VBL. Es käme ja auch niemand auf die Idee, einem Arbeiter bei Opel zu sagen, dass der Betrieb ihm keine Betriebsrente zahlen dürfe, weil er dann besser dastünde als der Mitarbeiter beim „Fliesenkalle aus Bottrop", der eben keine Betriebsrente zahlen kann oder will. Man darf also darüber streiten, ob die Höhe der Pensionen und der VBL gerechtfertigt ist, aber man darf und wird beides niemals auf das normale Rentenniveau absenken können, da man damit zugleich die Betriebsrentenkomponenten abschaffen würde. Die Altersvorsorge für Lehrer ist demnach meines Erachtens sicher, wird aber sinken.

Kommen wir abschließend zum größten Mythos von allen. Oder ist es diesmal gar kein Mythos?

2.4 Die Beamtenpensionen sind viel höher als die Rente für die Angestellten im ÖD

Als Beamter beziehst Du im Alter eine Pension. Diese beträgt aktuell etwa 71 % Deines letzten Bruttolohns vor der Pensionierung. Das ist eine im Vergleich zu Rentnern ohne Betriebsrente sehr üppige Alimentierung. Auch als Angestellter im ÖD bist Du bestens versorgt. Du genießt hier die Vorzüge der Zusatzversorgungskasse namens VBL, die Dich mit einer weit über dem Marktzins liegenden Rendite im Alter ebenfalls sehr gut dastehen lässt.

Als Beamter (A 13) entsprechen Deine *ruhegehaltsfähigen Bezüge* aktuell etwa 5100 Euro. Bei regulärem Pensionseintritt mit 67 (40 Dienstjahre, ohne Teilzeit und ohne Ausfallzeiten) kannst Du mit einer abschlagsfreien Pension rechnen, die 71,75 % der ruhegehaltsfähigen Bezüge entspricht, also 3600 Euro brutto. Netto sind das etwa 2800 Euro. Davon musst Du nun noch Deinen Beitrag für die private Krankenversicherung abziehen, sagen wir 200 Euro, so dass Du mit einer **effektiven Nettopension von 2600 Euro** monatlich rechnen kannst.

Im Gegensatz zur Pensionsberechnung ist die Rentenberechnung viel komplizierter, so dass ich die Herleitung hier völlig ausspare: Als Angestellter im ÖD kannst Du unter gleichen Bedingungen mit einer gesetzlichen Rente von etwa 2200 Euro brutto rechnen. Die 2200 Euro Rente sind in der Rentenbezugszeit voll zu versteuern und es werden Sozialabgaben darauf fällig, als Rentner sind das aber nur noch die Pflegeversicherung und die Krankenversicherung. Rentenversicherungsbeiträge sowie Arbeitslosenversicherungs-beiträge entfallen. Am Ende verbleiben Dir noch etwa 1700 Euro Nettorente. Das klingt zunächst recht wenig, aber es fehlt ja noch die „Betriebsrente" (VBL), und die ist nicht von schlechten Eltern. Sie beträgt Pi mal Daumen 1000 Euro im Monat, auf welche ebenfalls Sozialabgaben fällig werden. Unter diesen Voraussetzungen ergibt sich für den Angestellten eine Gesamtbruttorente von 3200 Euro (Rente plus VBL). Nach Abzug von Steuern und Sozialversicherungen bleibt davon eine **Nettorente** von etwa **2300 Euro netto** übrig. Im Gegensatz zum Beamten sind hiervon keine weiteren Kosten abzuziehen und der Betrag ist eher am unteren Rand des Möglichen angesetzt.

In Summe erhält der Beamte also 300 Euro mehr Pension als der Angestellte Rente. Das ist zwar nicht wenig, aber auch weit von den medial transportierten und in der Lehrerschaft kommunizierten Zahlen entfernt.

Für uns Freiheitssuchende dürfte es aber von Interesse sein, wie sich die Zahlen bei einem vorzeitigen Renten- bzw. Pensionseintritt verändern. Sowohl für den Pensionär als auch für den Rentner werden dann Abzüge fällig – und zwar doppelter Natur. Erstens verringert sich die Anzahl der Jahre, in denen eingezahlt wird und zweitens wird ein Abschlag für den vorzeitigen Renteneintritt angerechnet, so dass sich sowohl die Rente als auch die Pension erheblich verringern.

Bei einem Renteneintritt mit 63 Jahren schrumpft die Pension des **Beamten** von 3600 Euro brutto (2600 Euro netto) auf 3000 Euro brutto (**2450 Euro netto**).

Der **Angestellte** erhält in Summe nur noch 2700 Euro (Rente plus VBL) und bekommt davon etwa **2000 Euro netto** ausgezahlt.

Wir sehen also, dass sich gerade bei einem vorzeitigen Austritt aus dem Berufsleben der Beamtenstatus lohnt, da die Abschläge etwas niedriger ausfallen. Da aber in beiden Fällen die Abschläge mehr ins Gewicht fallen als die geringeren Einzahlungen in die jeweiligen Kassen, ist es erheblich günstiger, zwar bis zum regulären Renteneintritt (mit 67) zu arbeiten, aber zum Beispiel nur noch halbtags (das ist ja auch ein Mehr an Freiheit). Man bekommt dann keinerlei Abschläge und die Rente/Pension ist deutlich höher als bei einem früheren Renteneintritt. Wie auch immer Du Dich entscheidest, Du weißt nun grob, worauf Du Dich einzustellen hast.

Beide Systeme wurden in der Vergangenheit allerdings etwas abgeschmolzen und sind einer ständigen Entwertung unterworfen, und Du weißt einfach nicht, wie viel Dir zum Ende Deines Erwerbslebens davon noch bleiben wird. Sicher ist, dass Du gegenüber den Beziehern einer einfachen staatlichen Rente immer privilegiert sein wirst. Das bedeutet aber nicht, dass Du Dein Leben damit gut bestreiten kannst; es bedeutet nur, dass Du nicht unter echter Armut leiden wirst, wie es vielen Rentnern ergehen dürfte, sofern sie nicht in extremem Maße heute verzichten, um für ihre Rente privat vorzusorgen. Bei allen potenziellen Unwägbarkeiten der zukünftigen Entwicklung ist zumindest sicher, dass Deine Rente wirklich bis zu einem gewissen Grad sicher sein dürfte. Diesen Vorteil kannst Du nutzen, denn Dein Anteil an garantierten Bezügen im Alter ist so hoch, dass Du Dir ein höheres Risiko bei Deiner privaten Altersvorsorge leisten kannst. Falls Du bereit bist, dieses Risiko auch einzugehen, kannst Du es zu echtem Wohlstand bringen, denn während bei den Beziehern einer staatlichen Rente der *Vermögensschutz* oft im Mittelpunkt steht, kannst Du Deinen Fokus auf den *Vermögensaufbau* legen. Und das macht sogar richtig Spaß!

2.5   Beamte sind hochgradig privilegiert

Als Lehrer wirst Du, egal ob als Beamter, als Angestellter im Öffentlichen Dienst oder auch als Privatschullehrer, niemals arm sein, wobei die Beamten hier dennoch einen leichten Vorteil genießen. Es ist aber von entscheidender Bedeutung, dass Du verstehst, dass im Leben nichts sicher ist und dass sowohl Dein Status, Dein Gehalt als auch Deine Alimentierung im Alter der ständigen Gesetzgebung unterworfen sind und sich damit zu Deinen Ungunsten entwickeln können – und vermutlich auch werden. Das hat die Geschichte gezeigt. Diese Prognose sollte Dir keine Angst machen, aber Du musst Dir dessen klar sein, damit Du lernst, Verantwortung zu übernehmen, Dich aus der warmen Fürsorge des Staates zu lösen und für Deine Zukunft selbst vorzusorgen. Freilich sollst Du Deinen privilegierten Zustand nicht verleugnen Du sollst ihn aber in all seinen Aspekten realisieren und ihn, im Bewusstsein möglicher Veränderungen, zu Deinem Nutzen einsetzen.

Sowohl als Beamter wie auch als Angestellter im ÖD genießt Du zahlreiche Vorzüge, die den meisten Berufstätigen in der freien Wirtschaft nicht zuteilwerden:

Als Planstelleninhaber bist Du sowohl als Angestellter als auch als Beamter nach einer gewissen Zeit faktisch unkündbar. Man kann Dich unter Umständen natürlich versetzen, aber los wird man Dich so schnell nicht. Das ist wichtig für Deine Planung, denn Du kannst als Lehrer mit einem regelmäßigen und dauerhaften Einkommen rechnen. Durch die Tarifbindung ist dieses Einkommen nicht nur garantiert, sondern steigt in der Regel auch noch kontinuierlich mit steigender Berufserfahrung an; bei Angestellten in sechs Stufen über einen Zeitraum von 16 Jahren, bei Beamten in acht Stufen über einen Zeitraum von 23 Jahren. Du wirst also selbst bei schlechten Tarifabschlüssen nicht mit einem Kaufkraftverlust rechnen müssen.

Neben den direkt monetären Privilegien haben die Beamten noch weitere indirekt monetäre Vorteile, vor allem im Versicherungsbereich. Während bei Angestellten, egal ob im ÖD oder in der Privatwirtschaft, die Lohnfortzahlung im Krankheitsfall nach der sechsten Krankheitswoche (42 Arbeitstage) auf etwa 70 % des Bruttolohns herabgesenkt wird, genießen die Beamten eine 100%ige Lohnfortzahlung ohne zeitliche Limitierung.

Ein weiterer nicht zu verachtender Vorteil für die Beamten ist die viel bessere Absicherung für den Fall der Berufsunfähigkeit – zumindest nachdem sie fünf Jahre Dienstzeit hinter sich haben und auf Lebenszeit verbeamtet sind, denn vorher greift dieses Privileg nicht und Beamte sind dann ebenso schlecht abgesichert wie alle anderen Erwerbstätigen auch. Während der normale Angestellte im Falle der Berufsunfähigkeit (BU) faktisch mit Leistungen auf Hartz IV-Niveau (Erwerbsminderungsrente) zu rechnen hat, steht dem Beamten auf Lebenszeit nach einer gewissen Zeit ein Ruhegehalt zu, welches sich prozentual an seinem Bruttolohn bemisst und jedes Jahr weiter ansteigt. Somit sinkt für den Beamten jedes Jahr das finanzielle Risiko etwas, während es für den Angestellten ansteigt. Da BU-Versicherungen sehr teuer, aber unbedingt angeraten sind, spart der Beamte hier etwas Geld, da er eine geringere Summe privat versichern muss. Dazu erfährst Du in einem späteren Kapitel mehr.

Für etwas ambivalent in der Bewertung halte ich die Beamtenbeihilfe und das damit verbundene Recht bzw. auch den faktischen Zwang, sich privat versichern zu müssen bzw. zu dürfen, wobei der Staat die Hälfte der Gesundheitskosten übernimmt. Auf der einen Seite ist das für junge Beamte eine gute Sache, da diese für einen sehr niedrigen Beitrag Mitglied in der Privaten Krankenversicherung (PKV) werden können. Sie zahlen dann, Stand 2018, in etwa 150–200 Euro Eigenanteil im Monat für einen Basistarif, also eine Leistung in etwa auf dem Niveau der gesetzlichen Kassen. Sollen dann noch der Chefarzt, das Einbettzimmer, besserer Zahnleistungen usw. dazu, dann zahlt man als Zwanzigjähriger nicht mehr als 200–250 Euro für eine ausgezeichnete Versorgung. Die Beiträge steigen dann pro Jahr im Schnitt um etwa 4–5 %, wobei die Anhebung der Beiträge nicht gleichbleibend, sondern aus Kundensicht eher beliebig erfolgt. Auf drei Jahre ohne Anhebung kann ein Jahr mit einer sehr deutlichen Anhebung folgen. Fakt ist aber, dass die Wahl der PKV gegenüber der gesetzlichen Kasse (GKV) die weit bessere Alternative darstellt, da die GKV keine Beihilfetarife anbietet und man so nicht den halben Beitrag, wie in der PKV Versicherte, sondern den vollen Beitrag (Arbeitnehmer- und Arbeitgeberanteil) zahlen muss, und das auch noch bei schlechteren Leistungen. Sollte sich ein Beamter also gesetzlich versichern wollen oder müssen, so hat er den doppelten Beitrag zu zahlen wie ein Angestellter, nämlich den Arbeitnehmer- und den Arbeitgeberanteil. Eine völlig absurde Regelung.

Hinzu kommt, dass auch die Beiträge der GKV ständig ansteigen, wenn auch etwas geringer als in der PKV.

Wer jedoch erst mit Mitte 30 oder noch später verbeamtet wird, der muss deutlich höhere Versicherungsbeiträge zahlen. So werden aus den oben genannten 200–250 Euro eher 300–350 Euro monatlich. Wenn man erst jetzt in den Dienst einsteigt, fängt man zudem in der niedrigsten Erfahrungsstufe an und da sind auch die Beamtengehälter nicht so üppig. Somit kann die PKV sehr teuer werden. Das Einstiegsalter und der Gesundheitszustand sind daher extrem relevante Faktoren für die Festlegung der PKV-Beiträge. Wer das aber rechtzeitig weiß, der kann entsprechende Vorbereitungen treffen, um die spätere Last etwas zu mindern, indem er bereits während des Studiums einen sogenannten Optionstarif abschließt. Dazu aber später mehr, wie so oft.

Es darf nicht vergessen werden, dass Beamte, im Unterschied zu Angestellten in der GKV, diesen Eigenbeitrag komplett von ihrem Nettolohn bestreiten müssen. Deshalb sind die Beamtenlöhne auch nicht direkt mit den Angestelltengehältern vergleichbar. Man muss immer knapp 200–300 Euro vom Beamtenlohn abziehen, um eine Vergleichbarkeit der Nettolöhne herzustellen.

In Summe ist es also sehr fraglich, ob die Beamtenbeihilfe als ein Privileg bezeichnet werden kann. Faktisch ist die Beihilfe schlichtweg der Arbeitgeberanteil an der Krankenversicherung, so wie auch bei jedem Angestellten in Deutschland der Arbeitgeber exakt die Hälfte der Krankenversicherungskosten übernimmt. Im Falle des Beamten ist nun einmal der Staat der Arbeitgeber und er tut eben genau das, was alle anderen Arbeitgeber auch tun. Mir erschließt sich daher nur sehr bedingt, worin genau das Privileg bestehen soll. Einige werden jetzt vielleicht einwenden, dass der Beamte ja privat versichert ist und dies ja viel besser sei. Einspruch, Euer Ehren! Es ist besser – aber gerade für Lehrer, die oft erst spät verbeamtet werden, auch teurer. Zudem kann sich auch jeder TVH-13-Angestellte nach einiger Zeit privat versichern, da er oberhalb der Beitragsbemessungsgrenze liegt. Auch in diesem Fall wird der Arbeitgeber die Hälfte der Beiträge zur PKV übernehmen. Wo genau soll also das Privileg der Beamten liegen? Ist das alles

Unsinn, was die Leute so sagen? Nicht ganz, ich muss etwas zurück-rudern!

Die Stunde des Beamten schlägt in der Pension. Hier hat er zumindest gegenüber dem Angestellten, der sich wegen seines hohen Einkommens privat versichert hat, einen großen Vorteil. Denn während im Rentenbezugsalter für den Angestellten in der PKV der Arbeitgeberanteil komplett wegfällt und er die Kosten für seine Versicherung nun komplett selbst bezahlen muss (die Kosten im Alter sind aber aus vielen Gründen deutlich niedriger als während der Erwerbszeit), so erhält der Beamte seine Beihilfe weiterhin. Dies kann man als Privileg bezeichnen, aber eben nur als Privileg gegenüber den Angestellten in der PKV. Die Angestellten, die weiterhin regulär in der GKV versichert sind, können nämlich im Rentenalter in die sogenannte Krankenversicherung für Rentner eintreten und profitieren damit ebenfalls von sehr günstigen Beiträgen.

Ja, die Sache ist recht komplex, aber zahlreiche Mythen können eben nur durch eine gewisse Komplexität in der Betrachtung enttarnt werden.

2.6   Fazit

Ich hoffe, verständlich dargelegt zu haben, dass an vielen der Mythen und Vorurteile über die Privilegien der Beamten bzw. der Angestellten im ÖD weit weniger dran ist, als es die veröffentlichte Meinung, die in der Regel die Neiddebatte anfeuert, vermuten lässt. Weiterhin wurden gerade in den letzten 10 Jahren die Vorteile des Beamtentums, insbesondere bei den Löhnen, gegenüber den Angestellten im ÖD zum Leidwesen der Beamten abgeschmolzen. Ich gehe weiterhin davon aus, dass sich diese Entwicklung fortschreiben lässt; die angespannte Lage der Haushalte sowie die öffentliche Meinung meinen es eben nicht gut mit den Beamten. Das Risiko sehe ich allerdings weniger bei weiteren Gehaltseinbußen, sondern vielmehr im Abschmelzen von geldwerten Privilegien wie Beihilfen und bei den Pensionen, denn das lässt sich politisch besser verkaufen und macht weniger Wind.

Für den Leser bleibt also mein Rat bestehen, sich nicht auf den Staat zu verlassen, sondern private Vorsorge in erheblichem Ausmaß zu betreiben. Da ich allerdings nicht mit einem echten Armutsrisiko für A 13-Beamte und TVH-13-Angestellte rechne, sollte diese Vorsorge gern etwas risikobehaftet, dafür aber renditestark sein. Es macht einfach keinen Spaß, heute 200 Euro im Monat zu sparen, um dann in 30 Jahren inflationsbereinigt dieselben 200 Euro zurückzuerhalten. Wir wollen doch frei und wohlhabend werden!

3 MINDSET UND ALLGEMEINE TIPPS ZUM VERMÖGENSAUFBAU

Ich werde Dir in diesem Kapitel Denkmuster vorstellen, die es Dir erlauben, mit einer positiven und konstruktiven Haltung Deinen Weg zur finanziellen Freiheit zu beschreiten. Einige Aspekte werde ich für sich sprechen lassen, auf andere hingegen werde ich detaillierter eingehen, wenn ich es für nötig erachte. Eines vorweg: Gerade über diejenigen Denkmuster, die dich auf Anhieb abstoßen, solltest Du besonders intensiv nachdenken, denn sie sind es, die Dein größtes Hindernis sein werden.

3.1 Denkmuster

Erstens: Geld stinkt nicht und ist kein Tabuthema!

Geld ist in aller Regel das Ergebnis großer Anstrengung und/oder beachtlicher Innovation. Natürlich versucht die weitgehend linke Presse, insbesondere TV-Magazine, Dir einzubläuen, dass die Reichen vom System begünstigt sind, alles nur geerbt haben oder schlichtweg Glück gehabt haben. Das kann auch in sehr seltenen Fällen durchaus vorkommen. Fakt ist aber, dass in aller Regel nur derjenige zu großem Vermögen kommt, der einen Mehrwert produziert; und dieser Mehrwert wird dann gemäß den althergebrachten Gesetzen der Zivilisation mit der Zahlung von Geld vergütet oder honoriert. Wo kein Wert, da kein Geld! So einfach ist das. Geld ist damit in aller Regel Dein persönlicher Lohn dafür, dass Du einen Wert geschaffen hast oder dazu beigetragen hast, dass andere Personen einen noch größeren Wert erschaffen. Und genau hierin besteht Deine Aufgabe als Lehrer: Du versetzt

Menschen in die Lage, zunächst einmal für sich selbst zu sorgen und dann auch Werte für die Gesellschaft zu schaffen. Du solltest daher stolz darauf sein, wenn Du alle paar Jahre mehr Geld verdienst, denn in aller Regel steigt mit Deinem Gehalt auch Dein Wert für die Gesellschaft oder zumindest für Deine Schule oder Deine Schüler. Du hast jeden Euro verdient!

Geld verdirbt auch nicht den Charakter. Diese Pseudoweisheit kommt schlichtweg von Menschen, denen es nie gelungen ist, sich ein Vermögen oder zumindest einen gemäßigten Wohlstand zu erschaffen. Meine Erfahrung ist eine ganz andere. Mir ist auch nicht bekannt, dass es irgendeine wissenschaftlich halbwegs haltbare Studie gibt, die die negativen Eigenschaften von Geldbesitz belegen würde. Natürlich sind einige Menschen durch illegale Mittel an Geld gekommen. Aber das liegt eben in den ohnehin vorhandenen Charaktereigenschaften derjenigen Personen begründet und nicht in der Wirkung des Geldes. Die meisten Gefängnisinsassen dürften gerade nicht wohlhabend, sondern eher minderbemittelt sein. Man könnte somit auch behaupten, dass Armut den Charakter verdirbt, was aber ebenso wenig belegt sein dürfte. Und ich gehe sogar noch weiter und behaupte, dass Geld eher den Charakter formt und seine Abwesenheit enorme psychische Probleme nach sich ziehen kann und damit dem Charakter eher schadet als nutzt. Denn Geld bedeutet Freiheit und ermöglicht es Dir zudem, anderen Menschen Gutes zu tun – und wenn das nicht die Persönlichkeit bildet, dann weiß ich es auch nicht.

Hinzu kommt die mittlerweile recht sicher belegte Erkenntnis, dass wohlhabende Menschen gesünder sind und deutlich länger leben als arme Menschen, wobei hier die Übergänge zwischen Arm und Reich natürlich fließend sind. Bis zu zehn Jahre machen hier den Unterschied, das ist doch enorm viel Lebenszeit und sollte schon Anreiz genug sein, seine ökonomische Situation zu verbessern.

Als besonders merkwürdig erachte ich zudem die Sitte, dass man in Deutschland offenbar nicht über Geld redet. Niemand verrät, wie viel er verdient, was genau sein Haus gekostet hat, was er im Monat spart, wie viel er geerbt hat usw. Besonders befremdlich ist das Verhalten offensichtlich wohlhabender Menschen, das eigene Vermögen oder Einkommen kleinzureden. Es ist klar, was damit bezweckt werden soll. Als wohlhabender Mensch hat man Sorge, in der Gesellschaft weniger Vermögender ausgeschlossen zu werden, wenn man offen zugibt, dass man eigentlich ausgesorgt hat oder zumindest frei von den üblichen Engpässen der Peergroup ist. Daher gibt man vor, ebenfalls Geldsorgen zu haben, was einem natürlich niemand abnimmt. Ich finde: Wer reich ist, der kann das auch zeigen und muss sich dafür nicht schämen; und es wird einem auch so schnell niemand übelnehmen. Das Kleinreden der eigenen finanziellen Potenz hingegen kommt oft weniger gut an.

Geld ist heute offensichtlich etwas sehr Privates und Anrüchiges und man schämt sich geradezu, darüber zu reden. Gespräche über Geld bleiben immer vage, werden sehr leise geführt und finden nahezu nie in Gruppen statt. Warum nur? Das Thema ist doch hochgradig interessant und zudem von öffentlichem und privatem Interesse. Ich verstehe das nicht und gehe sehr offen damit um und es macht mir auch Freude. Ich will doch etwas lernen!

Meines Erachtens ist es Zeit, sich von diesen bremsenden Ansichten zu emanzipieren.

Zweitens: Geld macht glücklich!

Zugegeben, diese Behauptung stimmt nur zum Teil. Aber dennoch ist es besser, sie zu verallgemeinern, als genau das Gegenteil zum Glaubenssatz zu erheben. Richtig ist, dass die Abwesenheit von Geld enorm unglücklich macht und die Gründe liegen auf der Hand. Je weniger Geld ein Mensch zur Verfügung hat, desto mehr dreht sich sein Denken darum. Der Mangel wird zur Alltagserfahrung. Daraus resultiert ein Gefühl der Abhängigkeit und Unfreiheit. Wer nicht in der Lage ist, für sein Auskommen allein zu sorgen, bleibt stets Objekt und Bittsteller, sei es nun dem Staat, dem Arbeitgeber oder auch dem eigenen Partner gegenüber. Neben diesen psychologischen Aspekten spielen freilich die materiellen eine entscheidende Rolle. Wenn Du kein Geld hast, um Dir etwa eine Zahnzusatzversicherung zu leisten, dann wird es sehr schnell sehr hässlich; und das im wahrsten Sinne des Wortes. Denn der Staat lässt Dich beim Thema Zahnersatz weitgehend allein und dann wünsche ich Dir viel Erfolg bei der Partnersuche. Die Erkenntnis ist vielleicht unpopulär, aber ja, das andere Geschlecht schaut auch auf das Äußere und Dein Aussehen ist nicht selten Spiegel Deiner Seele und natürlich auch Deiner materiellen Ausstattung. Dies wiederum ist von evolutionsbiologischer Relevanz.

Wenn Du kein Geld hast, in den Urlaub zu fahren, wird sich die großartige Erfahrung des Reisens Dir nie eröffnen und Dein Horizont bleibt begrenzt. Wenn Du kein Geld hast, mit Deinen Freunden auszugehen, wird es sehr schnell richtig einsam um Dich und das nagt dann gewaltig an Deiner Psyche.

Sollte der geldlose Zustand länger andauern, wird sich Dein gesamtes soziales Umfeld wandeln und Du wirst zunehmend in die Gesellschaft von Menschen gedrängt, die ebenfalls kein Geld haben. Dein Denken wird sich dadurch zum Negativen ändern und damit auch Deine Chance, finanziell wieder auf die Beine zu kommen. Ein Teufelskreis.

Fakt ist aber auch, dass Du zum Glücklichsein keine Reichtümer brauchst. Untersuchungen haben gezeigt, dass oberhalb eines Einkommens von 80.000 Euro jährlich das Glücksempfinden nicht mehr signifikant zunimmt. Offenbar können mit dieser Summe alle Bedürfnisse des Menschen gedeckt werden und alles darüber hinaus wird dann als Luxus wahrgenommen, der zum Glücksempfinden keinen wesentlichen Beitrag mehr leistet. Das heißt im Umkehrschluss aber auch, dass jede Gehaltssteigerung bis hin zu diesem Betrag das Glücksempfinden signifikant steigert! Als Lehrer hast Du den großen Vorteil, dass Du einer Tarifbindung unterliegst, die Dir ständige Gehaltssteigerungen beschert, ohne dass Du dafür etwas Spezielles tun musst. Im Grunde musst Du nur überleben und älter werden und schon steigt Dein Gehalt, zumindest in geringem Maße. Ohne Dein Zutun wirst Du aber jene „Glücksbereiche" nahe der genannten 80.000 Euro nicht erreichen. Und deshalb solltest Du handeln!

Drittens: Übernimm Verantwortung!

Das ist wahrscheinlich die wichtigste Regel überhaupt. Du allein bist verantwortlich für Dein Leben. Das heißt nicht, dass Du alles kontrollieren kannst oder dass andere Menschen keine Mitschuld an Dingen tragen können, die Dir selbst widerfahren. Aber der Gedanke der Eigenverantwortlichkeit versetzt Dich zeitlebens in die Rolle des Subjekts, also des handelnden Akteurs, der es stets in der Hand hat, sein Schicksal mitzubestimmen. Nur wenn Du das verstanden hast, wirst Du in der Lage sein, Dich aus Niederlagen zu neuer Größe zu erheben, sogar gestärkt aus ihnen hervorzugehen. Denkst Du hingegen, dass immer alle anderen schuld sind an Deiner misslichen Lage, so fühlt sich das zwar vordergründig oft irgendwie entlastend an, hat aber langfristig fatale Auswirkungen auf Dein Selbstwertgefühl und damit auch auf Deine persönliche Erfolgsbilanz. Freilich scheint es heute Mode zu sein, Verantwortlichkeiten abzugeben, gerade wenn es einen vor Schaden bewahrt. Wir kennen es alle von Gerichtsurteilen, in denen den Tätern oft eine verminderte Schuldfähigkeit wegen einer womöglich verkorksten Kindheit attestiert wird. Als Referendar wird es vielleicht Dein Fachleiter, Dein Direktor oder Dein Mentor sein, dem Du die Schuld für schlechte Leistungen gibst. Und womöglich hast Du sogar Recht damit. Auch meiner Ansicht nach bündelt sich in den Studienseminaren eine Menge Inkompetenz in Kombination mit Dogmatismus und Selbstüberschätzung. Aber dennoch: Falls Du hier versagen solltest oder Probleme bekommst, trägst Du allein die Verantwortung! Du hast Dich womöglich nicht genug angepasst. Vielleicht bist Du auch wirklich nicht gut genug oder für den Beruf schlichtweg nicht geeignet. Sieh das nicht als Schwäche, sondern mache es zu einer Erkenntnis. Aber mache es zu *Deiner* Erkenntnis! Lass Dir nicht von anderen sagen, dass Du schlecht bist oder der Beruf nicht geeignet ist. Du kannst auch bei schlechten Leistungen im Ref ein guter Lehrer werden. Aber unterziehe zumindest alles einer sachlichen und selbstkritischen Analyse und übernimm Verantwortung.

Für Dich, falls Du wachsen möchtest und finanziell frei sein willst, ist ein solches Denkmuster der Verantwortungslosigkeit völlig kontraproduktiv. Du objektivierst Dich damit und lässt dann sowohl Deine Erfolge als auch Deine Niederlagen als Produkte des Zufalls erscheinen. Damit beraubst Du Dich auf der einen Seite der Fähigkeit, aus Fehlern zu lernen (nach eigener Ansicht hast Du ja keine gemacht) und auf der anderen Seite des Genusses, Siege zu feiern und voll auszukosten.

Viertens: Ohne Risiko keine Rendite!

Du musst im Leben Risiken eingehen, sei es beruflich, im Privatleben oder bei der Geldanlage. Die wirklich erfolgreichen Menschen sind, bevor sie zu erfolgreichen Menschen wurden, zahlreiche Risiken eingegangen, sind gescheitert, haben gelernt, sind wieder aufgestanden und haben von neuem begonnen. Dabei ist es völlig unerheblich, ob sich jede riskante Investition auch lohnt. Es geht schlichtweg darum, dass sich die Summe aller Risiken stets auszahlen wird. Dabei kann es sogar sein, dass Deine späteren Erträge umso höher ausfallen, je öfter Du bei Deinen ersten Investitionen gescheitert bist. Lassen wir dabei zunächst finanzielle Aspekte ganz außer Acht und widmen wir uns einem Thema, das uns allen bekannt sein dürfte: das Liebesleben. Stell Dir vor, Du bist Mitte 30 und verliebst Dich in eine Frau / einen Mann. Klingt alles soweit ganz gut. Aber jetzt stell Dir weiter vor, dass dies das erste Mal ist, dass dir so etwas passiert und Du überhaupt keine Ahnung hast, wie Du an die Sache rangehen sollst. Du wirst vermutlich furchtbare Ängste haben, da für Dich alles davon abzuhängen scheint und Du glaubst, eine Abfuhr gar nicht verkraften zu können. Was wirst Du also tun? Vermutlich gar nichts! Du wirst diese Gelegenheit und damit vielleicht das Glück Deines Lebens kampflos aufgeben, Du wirst einer Niederlage aus dem Wege gehen, indem Du eine potenziell riskante Situation schlichtweg vermeidest. Jetzt stell Dir hingegen vor, Du hättest bereits mehrere Beziehungen geführt, hättest Abfuhren erhalten, hättest analysieren können, wie man mit dem sexuellen Antagonisten umgeht, was er mag und was ihn abschreckt (Anmerkung: Der Autor ist hier selbst oft ratlos). Weiterhin hättest Du bereits erfahren, dass das Leben sowohl nach einer gescheiterten Beziehung als auch nach einer Abfuhr weitergeht. Dir wäre dann klar, dass Deinen wahrgenommenen Ängsten gar keine reale Gefahr zugrunde liegt. Damit wüsstest Du auch, dass das Schlimmste, was passieren kann, eine Konservierung Deines aktuellen Status quo als Single ist – und dies wäre ja nicht einmal ein echtes Risiko. Allenfalls der potenziell entgangene Gewinn würde kurze Zeit an Deiner Seele nagen, aber damit wirst Du wohl leben lernen müssen. Falls das Objekt Deiner Begierde Dir allerdings zugetan sein sollte, dann wäre der Gewinn ganz enorm und würde das Risiko und Deine Investition weit übersteigen, denn Du hättest jetzt täglich mehrfach Sex, zumindest am Anfang, dann irgendwann nicht mehr.

Ganz ähnlich verhält es sich bei der Geldanlage. Der Zins, also die Rendite, ist immer der Erlös des Risikos. Je höher der Zins, desto höher das Risiko und umgekehrt. Wenn Du finanziell frei sein möchtest, wirst Du Risiken eingehen müssen. Ich rede nicht von Zockerei, ich meine gut durchdachte und kalkulierte Investitionen, die im Einzelfall zwar scheitern können, in Summe aber Ertrag abwerfen werden, wenn Du nicht zu viele Fehler machst und aus denen, die Du machst, lernst.

Auch Unternehmer gehen zu Beginn ihres Unternehmertums stets ein persönliches Risiko ein, indem Sie in ihre Firma investieren, sich oft hoch verschulden und zudem eigenes Kapital riskieren. Das ist auch der Grund, warum selbst ein recht kleiner Unternehmer ein höheres Einkommen erwirtschaften sollte als ein gutverdienender Angestellter. Der Unternehmer investiert nämlich unter dem Risiko des Totalverlustes in seine Firma und daher sei ihm der hohe Erlös gegönnt. Denn er wird nur einen Erlös erzielen, wenn er einen Mehrwert für die Gesellschaft erzeugt. Daher sind Unternehmer nicht unsere Feinde, sie sind vielmehr das Herz der Wirtschaft und ohne sie gäbe es keine Arbeit, kein Steueraufkommen und damit kein Geld, um Lehrergehälter und üppige Pensionen zu finanzieren. Sei daher demütig und umarme noch heute einen Unternehmer Deiner Wahl.

Fünftens: Vermeide Neid!

Neid ist neben Selbstmitleid, Verbitterung, Faulheit und Anspruchs-denken eine der fünf destruktiven Charaktereigenschaften. So wie sei-ne vier Begleiter führt Neid zu Passivität und Passivität steht Deiner Zufriedenheit und Deinem Wachstum im Wege. Der Mensch ist nur glücklich, wenn er aktiv sein kann und sein Leben gestalterisch und eigenverantwortlich erlebt. Dies beginnt schon bei den kleinen Aufga-ben des Alltags wie dem Kochen oder dem Erledigen von Routinen. Wer schon hier passiv und freudlos ist, der wird an die Erfüllung von Lebensträumen und an finanzielle Freiheit gar nicht denken. Aber wa-rum ist gerade Neid so zerstörerisch? Ganz einfach, Neid verhindert, dass wir von den richtigen Leuten lernen und führt dazu, dass wir uns stattdessen der Horde der Neider und Nörgler anschließen. Wenn wir einem Millionär seinen Erfolg und sein Geld neiden, dann fällt dieser für uns sofort als Vorbild aus. Dabei sind wir ja gerade auf sein Ver-mögen und seine Freiheit neidisch und müssten eigentlich zu ihm hin-gehen und fragen, wie er all das erreichen konnte. Stattdessen tun wir das Gegenteil und erklären seinen Erfolg mit glücklichen Umständen oder damit, dass er sicherlich über Leichen gegangen sein muss, um das alles zu erreichen. Bestimmt hinterzieht er auch noch Steuern, was sonst! Und so einer sind wir selbst natürlich nicht. Nein, nein. Da blei-ben wir doch lieber arm, als einem solchen Unmenschen nachzueifern. Jetzt haben wir ja unsere Entschuldigung moralisch selbst legitimiert, absolut gar nichts zu tun, um ebenso reich und erfolgreich zu werden. Wir sind passiv!

Und warum bekommt dieser Kollege eigentlich immer die hübschen Frauen ab? Naja, er hat eben Glück gehabt, dass er genetisch mit einem so guten Stoffwechsel gesegnet wurde. Er kann ja essen, was er will. Und schlau ist er auch noch dazu, so ein Sonnyboy. Sind ja alles die Gene, kann man nichts machen! Ist ja auch nicht so wichtig, es kommt ja auf den Charakter an und die Dicken sind ja auch immer so lustig. Ja, so kann man denken, ist aber dann kacke und es wird sich nichts ändern. Aber erneut haben wir eine Entschuldigung erzeugt. Passivität 1, Zukunft 0!

Diese beiden Beispiele kannst Du auf jeden Lebensbereich übertragen, auf beruflichen Erfolg genauso wie auf den Vermögensaufbau, Deine privaten Beziehungen und sogar auf Deine Gesundheit. Neid verhindert, von den Erfolgreichen zu lernen und hemmt damit unsere eigene Entwicklung. Der Neid der Linken verbirgt sich im Übrigen unter dem schönen Euphemismus „soziale Gerechtigkeit" und legitimiert staatliche Raubzüge aller Art.

Sechstens: Vermeide Selbstmitleid!

Eng verbunden mit Neid und fehlender Eigenverantwortung ist das Empfinden von Selbstmitleid. Wir vergleichen uns zwangsläufig mit anderen Menschen in unserer Umgebung und nehmen dabei oft Unterschiede wahr, die nicht immer zu unseren Gunsten ausfallen. Hin und wieder geraten wir auch in Situationen, die wir als ungerecht oder gar als Schicksalsschlag wahrnehmen, sei es die ausbleibende Beförderung oder, viel schlimmer, der Verlust eines geliebten Menschen. Sehr schnell finden wir uns in einer Opferrolle wieder, die wir glauben, nicht mehr kontrollieren zu können. Wir werden passiv und hören auf, Verantwortung zu übernehmen. In einer falschen Auslegung von Schicksalsgläubigkeit denken wir oft sogar, dass es so gekommen ist, weil wir es so verdient haben. Wir legitimieren damit unser Leid, indem wir es beinahe als göttlich gewollt betrachten und uns eine Mitschuld daran geben. In Kombination mit einem wahrgenommenen Kontrollverlust ist eine Depression nun nicht mehr weit. Wir haben das Gefühl, zu machen und zu machen – aber es scheint alles vergebens zu sein. Es gibt jetzt im Grunde nur noch eine Möglichkeit, aus diesem Teufelskreis zu entkommen. Und vielleicht brauchen wir dazu sogar professionelle Hilfe; je nachdem, wie tief wir bereits im Sumpf stecken.

In einer solchen Situation gilt es, die Kontrolle zurückzuerlangen und Verantwortung zu übernehmen, aber das ist verdammt schwer, da wir mit uns selbst in Konflikt geraten werden und unser Selbstbild womöglich auf den Kopf stellen müssen. Denn wir müssen uns eingestehen, dass wir zwar auf gewisse Dinge in unserem Leben keinen direkten Einfluss haben, dass wir aber stets darauf reagieren können, uns damit der Passivität entziehen und wieder Subjekt werden. Vielleicht schickt uns das Universum hin und wieder betrügerische Partner, unbeschulbare Klassen oder gar Krankheit und Tod. Aber Fakt ist, dass wir nicht bestraft werden sollen. Es sind schlichtweg zufällige Lektionen, die wir zu bewältigen haben und an denen wir lernen können – und sollen. Tragen wir vielleicht eine Mitschuld daran, dass wir betrogen wurden? Waren wir nicht liebevoll genug und haben auf die Bedürfnisse unseres Partners nicht gehört? Oder gehen wir immer wieder derselben Sorte Mensch auf den Leim? Dann haben wir unsere Lektionen nicht ordentlich gelernt und wer nicht lernt, der wird immer wieder leiden, und das ist dann seine Mitverantwortung! Wenn wir an Diabetes erkranken, dann ist das keine Strafe Gottes, sondern eine Kombination aus Pech (Gene), daran können wir nichts ändern und sollten es auch nicht beklagen, und falscher Ernährung oder wenig Bewegung. Daran tragen wir eine Mitschuld! Die unbeschulbare Klasse ist nur dann unbeschulbar, wenn alle Kollegen an ihr scheitern. Wenn nur Du an ihr scheiterst, dann fehlen Dir vielleicht einfach die richtigen Strategien, mit dem Haufen umzugehen. Eventuell musst Du Deine Erwartungen nach unten anpassen oder Deine Methodik überdenken. Womöglich lässt sich diese Klasse wirklich kaum beschulen, das ist dann nicht Deine Schuld, aber es liegt in Deiner Hand und Verantwortung, das Dir Mögliche zu tun, um das Beste zu erreichen. Der ein oder andere Psychologe mag einen anderen Ansatz verfolgen und seine Patienten zunächst gezielt in die Opferrolle versetzen, um ihnen eine Last zu nehmen. Das ist auch völlig richtig. Aber langfristig wird sich niemand zu neuer Kraft erheben, wenn er nicht erkennt, dass er die wesentlichen Entscheidungen im Leben selbst, als verantwortliches Subjekt, in den Händen hält.

Selbstmitleid ist also kurzfristig völlig in Ordnung, um akute Krisen emotional zu überstehen. Sehr bald muss es aber dem Prinzip der Eigenverantwortung weichen.

Siebtens: Vermeide Anspruchsdenken!

Der Deutsche ist ein Meister im Fordern. Insbesondere gegenüber dem Staat und damit gegenüber der Solidargemeinschaft erhebt er stets den Finger und zeigt auf, was ihm angeblich alles zusteht. Je linker die eigene politische Position, desto stärker ausgeprägt ist dieses äußerst destruktive Denkmuster. Bezogen auf das eigene Wachstum, charakterlich wie finanziell, gebe ich Dir den guten Rat, nicht von den Linken zu lernen, denn das heißt verlieren lernen und schneller als Du denkst, findest Du Dich in den Reihen der Nörgler, Forderer und Unzufriedenen wieder. Freilich kann ich diese Position zum Teil verstehen, denn der Staat ist nun einmal der größte Dieb auf Erden und natürlich möchte jeder Mensch das, was ihm gestohlen wurde, zurückhaben.

Selbst wenn Du recht hast mit Deiner Ansicht, dass Dir zumindest etwas von dem zusteht, was man Dir genommen hat, seien es nun Steuern oder Sozialabgaben, so macht Dich die Erwartung einer Staatsrendite träge, passiv und angreifbar, lässt Dich am Ende vielleicht ohne Hosen dastehen. Ebenso verhält es sich mit Anspruchsdenken der Gesellschaft, Freunden oder Deinem Arbeitgeber gegenüber. Ich sage es Dir in aller Deutlichkeit: Du hast gar nichts verdient, ehe Du nicht einen Mehrwert geschaffen hast, und zwar nicht für Dich selbst, sondern für andere. Du hast weder einen Studienplatz verdient, noch einen Platz als Referendar, noch eine Beamtenstelle, noch eine Beförderung oder was auch immer. Und der Grund dafür ist ganz einfach: Du hast noch keine Leistung erbracht für denjenigen, vom dem Du etwas forderst. Und selbst eine erbrachte Leistung rechtfertigt gar keine Belohnung, wenn diese Leistung Deinem Gegenüber oder der Gesellschaft keinen Mehrwert gebracht hat.

Auch eine Leistung für Dich selbst rechtfertigt damit absolut keinen Anspruch einer anderen Person, Institution oder der Gesellschaft (Staat) gegenüber. Fang also an, umzudenken und schaffe zunächst echte Werte! Und falls Du es vergessen haben solltest, ich will Dich hier nicht runtermachen, sondern Dir helfen. Es ist doch ganz einfach: Wenn der Mensch in Erwartung einer zukünftigen Belohnung lebt, dann ist er nicht gerüstet für den Fall des Ausbleibens eben jener Belohnung. Und das kann fatale Folgen haben, von der Armut bis zur Unfreiheit und Depression. Erwarte daher nichts von anderen, denn es lähmt Dich und macht Dich schwach und abhängig. Erwarte nichts, sei frei!

Achtens: Schaffe Werte!

„Guten Tag, mein Name ist Wolfe und ich löse Probleme", so beginnt eine Szene in Tarantinos Klassiker *Pulp Fiction*. Jener Mr. Wolfe ist eine Art Tatortreiniger für das (schlecht) organisierte Verbrechen und seine Aufgabe in dieser Szene besteht darin, Gehirnreste aus einem Auto zu entfernen. Für diese Dienstleistung wird Mr. Wolfe bezahlt, und zwar nicht zu knapp. Letztlich ist dieser Mann nur eine Reinigungskraft, verdient aber deutlich über Mindestlohn und zwar aus einem einzigen Grund: Er löst die dringlichen Probleme anderer! Wer es im Leben, egal ob beruflich oder privat, zu etwas bringen will, der muss Werte schaffen, und wenn man wissen möchte, was denn nun von Wert ist, so schaue man sich die Probleme anderer Menschen an und schon hat man ein Geschäftsmodell. Im Lehramt oder allgemein im Öffentlichen Dienst ist dies nicht so einfach, da die zu lösenden Probleme letztlich staatlich definiert sind und das Lösen derselben in der Regel nicht explizit honoriert oder gar vergütet wird. Dennoch lohnt es sich, darauf zu schauen, welche Abläufe im schulischen Umfeld etwas hakelig laufen und vielleicht hast Du ja eine Lösung parat.

Schulen entwickeln sich, sie sind keine statischen Systeme und sie sind mehr als alle anderen Behörden darauf angewiesen, dass die Mitarbeiter Aufgaben übernehmen, die im Grunde über den Lehrerberuf weit hinausgehendes Expertenwissen erfordern. Nicht selten werden Stellenausschreibungen, gerade für Beförderungsstellen, so formuliert, dass nicht die spezifische Fächerkombination entscheidend ist, sondern die Bereitschaft, eine spezielle AG zu übernehmen, in der IT mitzuarbeiten, bei der Stundenplanung zu assistieren oder die Website zu pflegen. Es sind also Fähigkeiten gefragt, die Du weder an der Uni noch im Referendariat lernen kannst. Hier ist es von großer Bedeutung, dass Du ein Leben neben der Schule hattest und hast und in der Lage bist, Dir autodidaktisch relevante Fähigkeiten anzueignen. Mit jeder weiteren Fähigkeit steigt Deine Problemlösungskompetenz und damit Dein Potenzial, Werte für Deinen Arbeitgeber zu schaffen. Und wie im vorangehenden Kapitel beschrieben, wirst Du diese Tätigkeiten zunächst leider einige Zeit völlig gratis übernehmen müssen, ehe Du Dich auf eine Beförderungsstelle bewerben kannst oder eine Stundenentlastung bekommst. Daher ist es wichtig, Dir Tätigkeitsfelder zu suchen, die Dich mit Freude erfüllen und die Du auch übernehmen würdest, wenn es keine Aussicht auf eine spätere Entlohnung gibt, denn das ist leider nicht selten der Fall. Dabei ist es wichtig, Maß zu halten und bei aller Demut nicht das eigene Licht unter den Scheffel zu stellen. Denn wenn Du erst einmal Werte geschaffen hast, dann hast Du auch das Recht, eine Entlohnung einzufordern. Ich halte das sogar für zwingend erforderlich, denn in unserer Zivilisation ist Geld nun einmal das übliche Mittel, um Werte aufzuwiegen. Und falls man Dir für einen echten Mehrwert mittelfristig keinen Vorteil angedeihen lässt, dann solltest Du auch ernsthaft darüber nachdenken, Deine diesbezüglichen Tätigkeiten einzustellen. Sei bei aller Bescheidenheit also selbstbewusst, aber vergiss nicht, in Vorleistung zu treten.

Neuntens: Misstraue dem Staat!

Der Staat ist der natürliche Feind des freien Bürgers und er überschreitet seine eigentlichen Aufgaben bei weitem. Jeder schreit nach dem

Staat und wundert sich dann, dass die Abgabenlast bei sinkenden Leistungen ständig zunimmt. Über diesen Kreislauf fließt Geld zunehmend aus den Händen der Bürger in die Staatskassen. Dort wird es dann nach unnötig komplexen Regelwerken umverteilt und durch einen sündhaft teuren Beamtenapparat entwertet. Das faule Destillat fließt nun stark wertreduziert an die Bürger zurück und landet selten dort, wo es produktiv und wertsteigernd eingesetzt werden kann.

Die Bürger werden dadurch in eine Abhängigkeit zu jenem Leviathan gebracht, der irgendwann einmal als Sozialstaat und zu ihrem Schutz erdacht wurde. Es findet eine Entmündigung statt, die förmlich nach einer neuen Aufklärung schreit. Der allmächtige Staat greift uns tief in die Taschen und wenn wir etwas zurückhaben wollen, dann sind wir seiner Gnade ausgeliefert. Aus freien Bürgern werden Bittsteller, und diese Bittsteller rufen immer lauter nach der Hilfe des Fiskus, so dass sich bald ein zerstörerisches Wechselspiel einstellt. Das beste Beispiel dafür ist das Rentensystem. Ich möchte in diesem Büchlein nicht zu sehr auf die Details eingehen, aber ich kann Dir sagen, und Du solltest das nie vergessen, dass sowohl das System der staatlichen Rente als auch der Pensionen als auch der Betriebsrenten für den Öffentlichen Dienst (VBL) völlig an die Wand gefahren wurden. Alle drei Systeme sind defekt und werden ausschließlich durch enorme Zuschüsse aus systemfremden Töpfen, hier dem gesamten Steueraufkommen, quersubventioniert. Sechs, setzen!

Du als freier Bürger solltest allenfalls mit geringen staatlichen Leistungen im Alter rechnen und daher selbst vorsorgen. Als Beamter genießt Du noch ein recht gutes Polster, was auch nicht vollständig weggestrichen werden kann. Als „normaler" Rentner hingegen ist Altersarmut selbst bei hohen Einkommen nicht nur wahrscheinlich, sondern nahezu garantiert. Garantiert sind auch ständig steigende Rentenbeiträge, die Dich zunehmend davon abhalten, privat vorzusorgen, obwohl gerade dies ständig von Dir erwartet wird.

Es ist also zumindest vom Staat nichts Gutes zu erwarten und daher hast Du keine Wahl. Nimm Deine Vorsorge selbst in die Hand und freue Dich, wenn es vom Staat noch etwas obendrauf gibt. Nicht umgekehrt!

Zehntens: Sei optimistisch!

Jetzt erzähle ich Dir erst über fatale Auswüchse von staatlichem Interventionismus und Negativprognosen und verlange dann im Anschluss Optimismus. Ja, das passt sogar sehr gut zusammen!

Du musst lernen, unumstößliche Fakten als solche zu erkennen, Dich aber davon nicht entmutigen, sondern, im Gegenteil, motivieren zu lassen. Du hast über gewisse Dinge keine direkte Kontrolle und es ist absolut falsch, sich ständig von diesen Aspekten des Lebens lähmen und gedanklich einnehmen zu lassen. Investiere Deine Energie ausschließlich in das, was Du kontrollieren kannst und Du wirst sehen, wie sich die Dinge Stück für Stück zum Guten wenden und wie Du eine Dynamik erschaffst, die Dich vorwärts trägt.

Lass Dich auch nicht von Rückschlägen beeindrucken und entmutigen, denn gerade die Rückschläge bieten Dir das größte Lernpotenzial. Gerade das, was sich zunächst wie eine Niederlage anfühlt, ist eben oft der Wegbereiter für enormes Wachstum. Dabei ist es völlig unerheblich, ob es sich um versiebte Klausuren, das erstmalige Nichtbestehen des Staatsexamens oder um die zunächst erfolglose Suche nach einer Beamtenstelle handelt. Solange Du nicht aufgibst, wirst Du auch nicht scheitern und Du wirst Erfolg haben, das ist nahezu gewiss. Mache Deine Schwächen zu Deinen Stärken. Wenn Du bereits einige Niederlagen hast erleiden müssen, dann hast Du ein dickes Fell entwickelt. Du weißt nämlich, dass absolut nichts so schlimm sein kann, dass Du daran zerbrechen musst. Du kannst immer wieder aufstehen und jedes Mal hast Du gelernt und jedes Mal bist Du stärker geworden und irgendwann kommt der Zeitpunkt, an dem Du jenen dauererfolgsverwöhnten Kollegen überlegen sein wirst.

Ein Schritt zurück ist eben manchmal auch nur der Anlauf!

3.2   Regeln zum Vermögensaufbau

Im vorangehenden Kapitel habe ich Dich mit negativen und positiven Denkmustern vertraut gemacht. Jetzt soll es etwas spezifischer werden und ich werde Dir grundlegende Ansichten und Regeln vermitteln, wie Du Dein Vermögen aufbauen und schützen kannst, um zu Wohlstand zu gelangen.

Stärke Dein Humankapital – Investiere in Dich selbst und Deine Gesundheit!

Die beste Investition, die Du tätigen kannst, ist die Investition in Dich selbst. Du bist der Motor allen Wachstums und wenn Du selbst nicht wächst, dann wächst auch Dein Vermögen nicht. Im Gegenteil, sobald Du aufhörst zu wachsen, werden Dein Wert und Dein Vermögen relativ gesehen sogar abnehmen. Der Zusammenhang ist im Grunde einfach zu verstehen: Um überhaupt Geld investieren zu können, musst Du es ja zunächst durch die gute alte bezahlte Lohnarbeit verdienen. Diesen Schritt kannst Du nicht überspringen. Wir gehen ja in diesem Buch ohnehin davon aus, dass Du Deinen Beruf nicht hinter Dir lassen willst, sondern dass Du Deine Tätigkeit magst. Keine Geldanlage der Welt kann Dir eine Rendite oder gar ein monatliches Einkommen, welches mit Deinem Einkommen aus Lohnarbeit vergleichbar wäre, generieren. Schlag Dir den Gedanken direkt aus dem Kopf. Du wirst in den ersten zwanzig oder dreißig Jahren Deines Erwerbslebens niemals auch nur annähernd von Kapitalerträgen leben können. Ich werde Dir das an einem konkreten Beispiel verdeutlichen:

Nehmen wir an, Du verdienst als Lehrer grob 3000 Euro netto im Monat; dies kommt der Realität schon relativ nah. Wie hoch denkst Du, muss Dein Kapitalvermögen sein, um eine monatliche Ausschüttung in dieser Höhe zu erreichen? Vereinfacht gesagt musst Du Millionär sein! Falls Du heute als Dreißigjähriger eine monatliche Entnahme in der Höhe von 2970 Euro vornehmen möchtest und dieses Geld bis zu Deinem Tod, sagen wir in 60 Jahren, reichen soll und Du eine halbwegs gut verzinste Anlage von 3 % gefunden hast, dann benötigst Du heute exakt eine Million Euro Vermögen!

Dieses Rechenbeispiel soll Dich nicht demotivieren, es soll Dir nur zeigen, dass Du mit einer Steigerung Deines monatlichen Erwerbseinkommens eine viel höhere Rendite erreichen kannst als mit Sparen und Investieren zusammen. Daher ist es so unendlich wichtig, dass Du einen Großteil Deiner Investitionen in Dich selbst tätigst. Gerade zu Beginn Deines Berufslebens lohnt sich das, da Du, auch was Löhne betrifft, von einem Zinseszinseffekt profitierst. Das bedeutet, dass Dein Einkommen über das gesamte Erwerbsleben umso höher ausfällt, je eher Du Deine erste Lohnsteigerung bzw. Gehaltserhöhung erreichst. Freilich ist dieser Effekt im ÖD gegenüber der freien Wirtschaft etwas abgemildert, er wirkt aber dennoch.

Es ist daher von entscheidender Bedeutung, dass Du Deinen Wert, Dein sogenanntes Humankapital, erhöhst. Bereits bei der Fächerwahl beeinflusst Du Deinen Marktwert und Deine Chance auf eine Beamtenstelle oder insgesamt auf eine Planstelle entscheidend. Studierst Du Mangelfächer, dies sind traditionell alle Naturwissenschaften, Mathe und Informatik (MINT), so hast Du selbst bei eher schlechten Noten eine sehr hohe Chance auf eine Planstelle. Alle anderen Fächer können ebenfalls Mangelfächer sein, sie sind dies aber nie auf Dauer und es ist kaum planbar. In den letzten Jahren war plötzlich Deutsch zu einem Mangelfach geworden. Ursache war die Flüchtlingskrise und der

Markt für Deutschlehrer war plötzlich leergefegt. Auch Musik, Sport, Religion und Kunst können sich für einige Jahre zu Mangelfächern entwickeln und selbst PoWi-Lehrer wurden zeitweise händeringend gesucht. Dauerhaft schlecht sehen die Chancen mit den Fächern Geschichte und Erdkunde aus, wohingegen die Fremdsprachen immer noch recht häufig gesucht werden aber auch keine echten Mangelfächer sind.

Echte Regeln lassen sich aus dieser Gemengelage kaum ableiten, aber aus meiner eigenen Erfahrung, sowohl als jobsuchender Lehrer als auch als Schulleitungsmitglied, möchte ich dennoch versuchen, einige konkrete Ratschläge zu erteilen:

1. Wähle eine Fächerkombination, die Dir Freude macht und für Die Du Interesse hast. Du musst Deine Fächer 40 Jahre unterrichten und Du kannst es Dir aus gesundheitlichen Gründen nicht leisten, 40 Jahre zu leiden.

2. Studiere, falls es Deinen Interessen entspricht, unbedingt MINT-Fächer. Du wirst damit nicht nur sehr gute Berufsaussichten haben, sondern auch wenig Konkurrenz an den Schulen. Damit hast Du einen großen Gestaltungsspielraum und kannst Deine Schule weiterentwickeln und das kann unglaublich motivieren. Beförderungsstellen sind zudem häufig in diesem Bereich ausgeschrieben und Schulleitungsmitglieder werden nicht selten aus MINT-Lehrern rekrutiert. Gerade Studienleitungen sowie Stunden- und Vertretungsplaner sind oft MINT-Lehrer.

3. Studiere mindestens ein Hauptfach. Deine Einstellungschancen mit zwei Nebenfächern sind eher gering. Falls Du kein Interesse an einem Hauptfach hast, dann studiere drei Nebenfächer. Studiere besser zwei Semester länger, als nur mit zwei kaum nachgefragten

Nebenfächern abzuschließen. Andernfalls wartest Du, so wie ich, fast 10 Jahre auf eine Beamtenstelle oder bekommst nicht einmal eine Festanstellung.

Neben der Fächerwahl spielen auch autodidaktisch erworbene und teilweise fachfremde Fähigkeiten eine zunehmend größere Rolle. Aus meiner Erfahrung kann ich einige Ratschläge ableiten:

4. Gehe Deinem Lieblingshobby leidenschaftlich nach. Jede auf den ersten Blick noch so unwichtige Tätigkeit kann sich in zehn Jahren als Karrieresprungbrett erweisen. Und es muss ja nicht immer die große Karriere sein, vielleicht wirst Du auch „nur" eine AG in jenem Bereich leiten. In keinem anderen Beruf kannst Du privat erworbene Fähigkeiten besser zum Teil Deines Berufslebens machen als im Lehramt. Mir persönlich hat zum Beispiel, Eltern hören bitte weg, das jahrelange und intensive Zocken von Computer- und Konsolenspielen aller Art den Weg zum Umgang mit dem PC geebnet. Ohne die Lust am Spielen hätte ich das Gerät nie angefasst, geschweige denn aufgeschraubt und Teile ausgetauscht. Heute bin ich zuständig für die IT, betreue die Schulwebsite und nutze mein Wissen über den Computerspielemarkt im PoWi-Unterricht der siebten Klassen beim Thema Medien.

5. Bilde Dich sinnvoll fort. Im vorangehenden Kapitel habe ich Dir gesagt, dass Du Werte schaffen musst. Nicht jede Fortbildung versetzt Dich in diese Lage, einige sind schlichtweg Unsinn oder bringen weder Dir noch Deiner Schule einen sichtbaren Mehrwert. Versuche dann, in einem einzigen Bereich besonders gut zu werden und spezialisiere Dich. Werde Experte im Thema LRS, Hochbegabtenförderung oder in einem besonderen Bereich der IT, wie

zum Beispiel Lernplattformen wie *Moodle*. Streue nicht zu breit, das bringt Dich nicht voran und verwässert Dein Profil.

6. Hin und wieder versuchen Schulleitungen, gerade neue Kollegen in eine Richtung zu drängen. Irgendetwas liegt an der Schule im Argen oder muss unbedingt gemacht werden. Jetzt fragt man die Neuen, weil man denkt, dass von deren Seite ohnehin kein Widerstand zu erwarten ist. Mach dieses Spiel nicht mit! Du bist Beamter und wirst auch nicht gekündigt, wenn Du zu verstehen gibst, dass Du kein Interesse hast. Denn vergiss nicht, dass mit jeder Fortbildung auch eine Erwartungshaltung einhergeht. Man wird in Zukunft von Dir erwarten, dass Du Dich um die Sache auch kümmerst und dann kommst Du aus der Nummer nicht mehr so einfach raus. Stelle Dir daher vor der Übernahme einer dauerhaften Tätigkeit vier Fragen: Erstens: Macht mir die Tätigkeit Spaß? Zweitens: Entspricht diese Tätigkeit meinen Talenten? Drittens: Löse ich die Probleme anderer oder habe ich damit nur Ärger? Viertens: Bringt mich die Tätigkeit mittelfristig beruflich weiter? Zusammengefasst solltest Du wissen, ob Dir die Sache dient und ob Du die Sache willst, und nicht nur, ob Du es kannst oder ob man es von Dir erwartet.

7. Lerne, „Nein" zu sagen! Das schärft Dein Profil.

8. Sei <u>anders</u> als andere, nicht besser. Deine Leistung wird ohnehin niemand messen und sehen können, aber es ist anderen sehr schnell ersichtlich, wenn Du etwas tust oder kannst, was sonst niemand tut oder kann.

9. Geh Deinen Kollegen nicht auf die Nerven und mache anderen keine Arbeit. Wenn Du eine Idee hast, dann setze sie selbst um.

10. Backe zum Einstand einen Kuchen. Mit Zucker, ohne Obst. Vermeide Obst. Niemand mag Obst.

Bei all den Regeln darfst Du nicht vergessen, Spaß zu haben. Gerade außerhalb des Berufs lass Dich besser von Deiner Begeisterung für ein Thema treiben als von der schnöden Frage nach der potenziellen Verwertbarkeit einer Fähigkeit. Das Geld und die Verwertbarkeit werden der Begeisterung folgen und nicht umgekehrt!

Alle Fähigkeiten dieser Welt verlieren schlagartig ihre Bedeutung, wenn Deine körperliche Verfassung oder Deine mentale Stärke verfallen. Dann ist auch Dein Humankapital dahin und darüber hinaus verlierst Du noch weit mehr. Als Vertretungsplaner erlebe ich jedes Jahr mehrfach, wie gestandene Kollegen, oft gerade die, die selten krank waren, plötzlich erkranken und Wochen oder Monate ausfallen. Dabei kann ich nicht immer sagen, ob die Ursachen der Krankheit rein physischer oder psychischer bzw. psychosomatischer Natur sind. In den fünf Jahren, in denen ich diesen Job mache, habe ich schon alles von abgetrennten Fingern, Thrombosen, Krebserkrankungen, Schlaganfällen, Knochenbrüchen, Infektionskrankheiten, Angststörungen, diabetisch bedingten Wunden, Schwangerschaftskomplikationen oder klassischen Sportverletzungen erlebt. Es trifft dabei beide Geschlechter und alle Altersgruppen gleichermaßen, wobei natürlich mit steigendem Alter gewisse Risiken zunehmen. In vielen Fällen machen die Kollegen zuvor einen kerngesunden Eindruck und es ist ihnen nichts anzumerken. Gerade psychische Belastungen bis hin zum Burnout werden oft gar nicht bekannt oder äußern sich in unklaren Symptomen, manchmal werden sie komplett verschwiegen und die betroffenen Kollegen leiden in aller Stille vor sich hin. Man merkt nur, wie sie sich zunehmend zurückziehen, gereizt reagieren oder schweigsamer werden.

Gerade als junger Mensch neigt man dazu, sich unbesiegbar zu fühlen, was sich oft in einer nachlässigen Haltung der eigenen Gesundheit gegenüber äußert. Ich selbst war bis zum dreißigsten Lebensjahr völlig gesund und hatte, bis auf meine seit Kindheitstagen bestehenden Magenprobleme, keine Beschwerden. Mit 31 Jahren bekam ich dann eine langwierige Augenentzündung, die mich dazu zwang, mit dem Sport aufzuhören und die sich über anderthalb Jahre hinzog. Es folgten in den nächsten zwei Jahren drei schwere Entzündungen an Fingern und Zehen, die alle operativ und antibiotisch behandelt werden mussten. Alles hatte anscheinend keine sichtbare Ursache und kam wie aus dem Nichts und ich kann bis heute nicht sagen, wie es dazu kam. Auch die Ärzte hatten keine Begründung parat, die Blutwerte waren o. k. und auch sonst ließ sich nichts feststellen. Die einzige Korrelation, die ich erkennen kann, ist die zeitliche Koinzidenz zwischen dem Auftreten der Beschwerden und der Übernahme meiner Schulleitungsaufgaben, so dass vermutlich gewisse Stressfaktoren das Ausbrechen der Krankheiten begünstigt hatten. Hinzu kommt noch, dass ich zeitgleich aufgehört hatte, mich sportlich zu betätigen und meine Ernährungsgewohnheiten sich eher zum Schlechten hin gewandelt hatten. Freilich sind Ursache-Wirkungs-Zusammenhänge nicht belegt und es bleibt bei einer reinen Vermutung, plausibel erscheint es aber doch.

Selbst wenn Du von der Sorte Mensch bist, die jegliche Auswirkungen der Ernährung und des Sports auf die Gesundheit verneinen, so kann ich eine Sache ganz sicher bejahen: Mit Sport fühlst Du Dich stärker, selbstbewusster und attraktiver und Du bist es auch. Du wirst aufrechter durchs Leben gehen, Deine Haltung wird sich verändern und Deine mentale Stärke und Frustresistenz werden spürbar zunehmen. Nebenbei stellt Sport noch einen guten Ausgleich zum eher trägen Lehrerdasein dar und kann Dir zudem helfen, soziale Kontakte zu knüpfen, die Deine persönliche Entwicklung weiter voranbringen können. Wie bei allem gilt aber, dass die Dosis das Gift macht und dass Sport nicht in

Freizeitstress ausarten darf – denn Stress hast Du im Lehrerberuf weiß Gott genug, auch wenn das außerhalb unseres Berufsstandes niemand glauben will.

Mache also Sport, aber halte Maß! Falls Du das nicht willst, so wie ich, dann gehe wenigstens öfter mal in die Natur oder fahre Rad und schau Dir andere Menschen an, während sie Sport machen.

Kümmere Dich selbst um Dein Geld!

Vor jedem Autokauf recherchierst Du tage- oder wochenlang im Netz, Deine (schmutzige) Wäsche wäschst Du selbst und bringst sie nicht täglich in die Reinigung, in ein Computerspiel, seine Regeln und Mechanismen, vertiefst Du Dich in unzähligen Stunden. Aber eine Geldanlage überlässt Du einer Person, die Du gar nicht kennst, dem Bankberater. So oder so ähnlich handhaben es die meisten Deutschen und besonders die sogenannte deutsche Mittelschicht. Dass sie damit außer ihrem Finanzberater niemanden reich machen, das ahnen sie wohl, verdrängen es aber und sind nicht gewillt, etwas daran zu ändern. Zu eindringlich sind die Botschaften der Politik und der Finanzindustrie, die besagen, man möge alles Finanzielle doch den Profis überlassen. Alles sei ja viel zu kompliziert und da blicke doch eh keiner mehr durch. Mit Verlaub, das ist eine reine Ausrede, und zwar eine, die Dich teuer zu stehen kommen wird! Freilich gibt es die eine oder andere Anlageform, die komplex ist. Die Lösung sollte aber darin liegen, diese Anlagen entweder zu verstehen oder sie zu meiden, und nicht darin, die Verantwortung an eine Person oder ein Institut zu delegieren, die ausschließlich Dein Geld wollen und nicht Deine finanzielle Freiheit. Die wichtigsten Aspekte sind sehr leicht zu verstehen und erfordern kein BWL-Studium und alles andere wirst Du mit der Zeit lernen.

Kleine Fehler tun nicht weh, das falsche Vertrauen in einen Finanzberater hingegen kann Deine gesamte Vorsorge ruinieren. Denke daran, eine Bankfiliale ist keine Beratungsstelle für Kunden, sondern eine Vertriebseinheit für in der Regel zu teure Bankprodukte.

Sei kühl und rational bei Finanzfragen!

Emotionen haben beim Thema Geldanlage nichts verloren. Du musst Deine grundsätzliche Anlagestrategie natürlich Deinen individuellen Zielen und Deiner Risikobereitschaft anpassen, darfst Dich aber danach nie mehr von kurzfristigen Befindlichkeiten beeinflussen lassen. Das Ausblenden von Emotionen heißt nicht, dass Dein Charakter keine Rolle spielen darf. Im Gegenteil, Du musst Dich wohlfühlen mit Deiner Anlagestrategie, sie muss vielmehr sogar Ausdruck Deiner Persönlichkeit sein. Aber Angst und Euphorie werden, wenn Du ihnen nachgibst, Dein Vermögen schneller vernichten, als Du *Börsencrash* sagen kannst. Das Problem bei diesen extremen Gefühlen ist vor allem, dass sie durch kollektive Strömungen ausgelöst und verstärkt werden. Was aber für die Masse der Anleger schlecht ist, kann für Deine Anlagestrategie äußerst positiv sein und umgekehrt. Nehmen wir an, Du bist Anfang 30 und ein wesentlicher Teil Deiner Anlagestrategie besteht darin, in Aktien zu investieren. Du hast bereits 10.000 Euro investiert und dann crasht der Markt. Alle geraten in Panik und verkaufen ihre Anteile. Auch Deine Aktien verlieren 60 % ihres Wertes und auf einmal hast Du nur noch 4000 Euro anstatt 10.000 Euro in Deinem Depot. Wenn Du jetzt der breiten Masse folgst und alles verkaufst, handelst Du gegen Deine eigenen Interessen und verlierst viel Geld. Wenn Du aber entgegen dem allgemeinen Trend die günstigen Preise nutzt und jetzt Aktien nachkaufst, dann kannst Du womöglich, und wahrscheinlich, ein gutes Geschäft machen. Du hast ja noch 35 Jahre bis zur Rente und ein

Kursverfall muss Dich aktuell gar nicht beunruhigen – im Gegenteil, freue Dich über die Rabattschlacht an der Börse! Falls Du aber ein 75 Jahre alter Mann bist, dann ist es womöglich besser, auch in einen Abschwung hinein zu verkaufen, da Du unter Umständen die nächste Markterholung gar nicht mehr erleben wirst und Dir für Nachkäufe auch kein freies Kapital mehr zur Verfügung steht.

Womöglich hast Du auch in der Vergangenheit Fehler gemacht, eine unnötige Lebensversicherung mit Nullzins abgeschlossen oder einen für Deine individuellen Lebenspläne unnötigen Bausparvertrag. Prüfe diese Verträge und trenne Dich von Ihnen, sofern sie Deinen Zielen nicht mehr dienen oder es bessere Alternativen gibt. Aber lass Dich extern und am besten auf Honorarbasis beraten, denn Vertragskündigungen, Beitragsfreistellungen oder gar der Verkauf von Versicherungen sind versicherungstechnisch dicke Bretter, die Du in der Regel nicht allein bohren kannst.

In allen diesen Fällen muss die Ratio den Ton angeben und nicht Deine kurzfristigen Gefühle oder gar die Trauer um zurückliegende Verluste. Dazu ist es wichtig, sich einen Plan zu machen und sich dann, sofern sich die Marktmechanismen (nicht die Marktlage!) nicht geändert haben, strikt daran zu halten. An der Börse gilt dies noch mehr als in anderen Finanzfragen und dennoch ist es prinzipiell auf alle Finanzthemen übertragbar. Hänge dabei nicht in der Vergangenheit fest und trauere keinen entgangenen Gewinnen nach. Lerne aus Deinen Fehlern. Fasse dann aber Entschlüsse, die für die Gegenwart und die Zukunft sinnvoll sind.

Finanziere Konsum nie auf Kredit!

Ich glaube, diese Regel ist die am schwersten einzuhaltende! Dein gesamtes Umfeld, Deine Familie, Deine Freunde und Kollegen, werden versuchen, Dich von der Sinnlosigkeit dieser Regel zu überzeugen. Hinzu kommt noch eine aggressive Werbung, alles auf Rate zu kaufen, und das auch noch zum Nullzins. Auch die Statistik spricht zunächst gegen diese Regel, denn ein Großteil aller Neuwagen und nahezu alle Immobilien sind kreditfinanziert und scheinbar läuft ja alles ganz gut – dabei ist es eine der größten Selbsttäuschungen der Mittelschicht. Aber das wird niemand offen zugeben, da es bedeuten würde, das eigene Handeln, womöglich gar die gesamte Lebensplanung, nachträglich als Idiotie zu bezeichnen und dagegen wehrt sich das menschliche Gehirn vehement. Ich kann Dir aber eines vorweg garantieren: Ein alleinstehender Lehrer, egal ob Beamter oder Angestellter, in der Besoldungsstufe A 13, der eine Immobilie erworben hat und zudem noch ständig den neuesten Audi A4 fährt und das neueste iPhone besitzt, wird niemals finanziell frei, geschweige denn wohlhabend werden. Er lebt eine Lüge, verzichtet mit hundertprozentiger Gewissheit auf absolut notwendige Absicherungen, Rücklagen und Vorsorge. Er opfert alles dem Konsum, ist auf einen ständigen Geldfluss angewiesen, kann sich keinerlei Gehaltseinbußen oder gar Ausfälle leisten, wird für unvorhergesehene Ereignisse keine Reserven haben und damit ist er die Unfreiheit in Person! Nicht zu vergessen sind die psychologischen Auswirkungen eines Lebens auf Pump. Dir gehört nämlich nichts von dem, was du täglich benutzt. Alles ist das Eigentum anderer, in der Regel einer Bank. Du verkonsumierst Dinge, die Dir gar nicht gehören und lebst damit ein Leben, das Dir aktuell (noch) nicht zusteht, Du hast es Dir eben gerade *nicht* verdient. Damit beraubst Du Dich der Motivation, die sich normalerweise aus dem Besitzwunsch an bestimmten Gütern speist.

Für mich gelten daher ganz klare Regeln für den Konsum, und wenn Du wirklich finanziell frei sein willst, dann solltest auch Du diese Regeln befolgen. Regeln engen Dich nicht ein, sondern geben Dir Struktur, Ziele und Ordnung.

1. Mache absolut keine Konsumschulden! Null! Weder für ein Handy noch für ein Auto oder gar einen Urlaub. Auch nicht zum Nullzins.

2. Kaufe keine völlig überteuerten pseudodiätischen Lebensmittel, die eine zufällige Reaktion aufgrund einer eingebildeten Allergie verhindern sollen. Nur ganz wenige Menschen haben eine Laktoseintoleranz und nahezu niemand hat Zöliakie. Daher kannst Du mit 99-prozentiger Wahrscheinlichkeit getrost auf alle laktose- oder glutenfreien Lebensmittel verzichten.

3. Kaufe keine Bio-Lebensmittel. Die sind allesamt völlig überteuert und die enormen Aufschläge rechtfertigen nicht die moderaten Mehrkosten (ca. 30 % gegenüber konventioneller Tierhaltung) für die Erzeugung. Wenn Du Dir selbst und den Tieren etwas Gutes tun willst, dann suche Dir einen Bauernhof in der Umgebung und kaufe direkt vom Erzeuger Deines Vertrauens.

4. Verzichte auf jegliche Statussymbole, die Du Dir nicht locker aus der „Portokasse" leisten kannst, denn sie symbolisieren nicht Deinen Status, sondern täuschen andere und, weit schlimmer, Dich selbst. Sie stehen Dir nicht zu, da sie nicht Deinem Status entsprechen.

5. Fahre ein Auto, das Deinem Einkommen entspricht. Verzichte, falls Du ein Jobticket vom Land bekommst und in der Stadt

wohnst, komplett auf ein Auto, sondern fahre gratis Bus und Bahn, falls nötig Taxi. Alles ist billiger als ein Auto. Für den Wochenendausflug leihst Du Dir ein Auto bei *Sixt*, denn dort bin ich Aktionär und ich will, dass die Aktien steigen.

6. Verzichte auf Deinen täglichen entkoffeinierten Caffè Latte mit Mandelmilch, Vanillearoma, Smarties und extra Kakao für günstige 6 Euro. Das ist ein Luxusprodukt und kein Lebensmittel und sollte auch als solches nur selten konsumiert werden.

All diese Regeln dienen nicht dazu, Dich einzuengen, sondern dem Erreichen von Freiheit. Wer morgen frei sein will, muss heute die Grundlagen dazu schaffen und so lange verzichten, bis er es sich leisten kann. Du darfst obige Regeln allerdings, bei aller Verbindlichkeit, nie als Dogma begreifen. Von jeglicher Regel darfst Du abweichen, wenn es gute Gründe dafür gibt, die Dich Deinem Ziel näherbringen oder unausweichlich sind. Aber belüge Dich nicht selbst!

Vermeide unnötige Fixkosten!

Neben unnötigen bzw. überzogenen Ausgaben für den täglichen Konsum und die Statusoptimierung sind zu hohe Fixkosten die zweite große Hürde beim Vermögensaufbau. Bei jedem von uns sammeln sich im Laufe der Zeit eine Menge solcher Kosten an. Das Problem bei Fixkosten ist, dass wir sie im Notfall nicht schnell genug loswerden können und dass sie Liquidität rauben. Fixkosten erfordern auch ein ständiges und fixes Einkommen, um sie decken zu können und setzen uns damit Zwängen aus. Weiterhin stellen sie eine psychologische Belastung dar, da wir uns mit allen Verträgen auch irgendwann befassen müssen, und das müllt unser Hirn zu. Diesen Ballast gilt es loszuwerden oder zumindest jedes Jahr einer Inventur und kritischen Betrachtung zu unterziehen. Folgende Empfehlungen habe ich für Dich:

1. Kaufe Dir keine Produkte, die hohe Folgekosten nach sich ziehen. Dazu gehören vor allem Neuwagen, denn diese erfordern hohe Rücklagen für werterhaltende Reparaturen und Inspektionen beim Vertragshändler und eine teure Vollkaskoversicherung. Zudem unterliegen sie einem sehr hohen Wertverlust in den ersten Jahren und dienen keinesfalls als Wertanlage. Autos sind eine reine Verbindlichkeit und keine Anlageform.

2. Lass Dir keine gebührenlastigen Produkte mit langer Laufzeit aufschwatzen. Dazu gehören vor allem überdimensionierte Mobilfunkverträge, das *MS Office 365*-Abo und das *Sky*-Abo sowie Mitgliedschaften in Fitnessstudios. Verzichte darauf oder beschränke Dich auf Laufzeiten von maximal 12 Monaten. Die teilweise üblichen 24 Monate sind eine Frechheit und Du solltest konsequent einen Bogen darum machen. Besser sind monatlich kündbare Verträge, selbst bei geringfügig höheren Kosten.

3. Verzichte auf überflüssige Zeitungsabos. Kündige restlos alles und kaufe Dir stattdessen einzelne interessante Ausgaben am Kiosk. So wirst Du Ballast und Fixkosten los und kommst zudem mal vor die Tür. Darüber hinaus kannst Du besser über die Medien streuen und erweiterst Deinen Horizont.

4. Schließe keine Lebensversicherungsverträge mit „gezillmerten" Gebühren ab. Zillmerung heißt, dass sämtliche Gebühren in den ersten fünf Jahren auf Dein Vertragsguthaben angerechnet werden. Faktisch bedeutet das, dass ein solcher Vertrag erst einmal einige Jahre ins Minus läuft. Falls Du den Vertrag dann aus Geldnot kündigen musst, ist schlichtweg gar kein Deckungskapital vorhanden oder zumindest weit weniger, als Du eingezahlt hast. Du bindest

Dich hier im Grunde ein Leben lang an einen Vertrag, und das halte ich aus heutiger Sicht nur dann für sinnvoll, wenn der Effektivzins sehr stattlich ausfällt <u>und</u> Dein Arbeitsplatz absolut sicher ist. Prüfe genau!

5. Verzichte auf unnötige Versicherungen! Das ist die größte Kostenfalle nach dem Neuwagen. Dazu aber später mehr im Detail.

Wenn Du Dich an diese Tipps hältst, wirst Du merken, wie Du wieder Luft zum Atmen hast, Liquidität gewinnst und das Gefühl hast, unnötigen finanziellen und psychischen Ballast abgeworfen zu haben. Versuch es einfach.

Arbeite, spare, investiere und nutze den Zinseszinseffekt!

Das Thema Vermögensbildung ist der neue „heiße Scheiß" auf *YouTube*, und neben einigen echten Experten findet man dort auch fragwürdigste Gestalten mit noch fragwürdigeren Ansichten und Ratschlägen. In deren Augen kann jeder Millionär werden. Man müsse nur schnell seine Haltung ändern, irgendein Online-Business betreiben, bedruckte T-Shirts bei *Amazon* verkaufen oder einige E-Books schreiben und schon sprudelt das Vermögen hervor. Am besten dann noch als „Passives Einkommen", was eine Rendite für Nichtstun vorgaukelt. Ein solcher Plan ist in aller Regel nicht realistisch; ausgeschlossen ist es freilich auch nicht. Ich bin schon froh, wenn sich dieses Büchlein einige hundert Mal verkauft und ich von den Einkünften zwei bis drei Mal essen gehen kann. Muss ja auch noch alles versteuert werden! Fakt ist, dass Wohlstand auf diese Art und Weise nur sehr schwer generiert werden kann. Denn dazu gehört sehr viel Innovationskraft, ein gut durchdachtes Konzept, Arbeit, Zeitaufwand und am Ende auch etwas

Fortune. Neben einem geregelten Vollzeitjob als Lehrer wirst Du diese Zeit und Energie eher nicht aufbringen können.

Der Beamte oder Angestellte im ÖD wird daher den klassischen Weg gehen, und der besteht aus folgenden Schritten:

1. Gehe arbeiten und erziele ein möglichst hohes monatliches Einkommen aus Deiner Erwerbsarbeit.
2. Steigere ständig dein Humankapital, um Dein Erwerbseinkommen zu erhöhen.
3. Senke Deine Fixkosten und verzichte auf unnötige Konsumausgaben (s. o.).
4. Spare möglichst viel, am besten direkt am Monatsanfang, auf ein oder mehrere zweckgebundene Extrakonten. Lege Dir so im Laufe der Zeit ein Finanzpolster an.
5. Wenn Dein Polster steht, beginne zu investieren.
6. Steigere ständig Deine Sparquote und reinvestiere beständig und diszipliniert Deine Kapitalerträge aus Zinsen und Dividenden.
7. Denke über einen kleinen Nebenverdienst nach.

Als Maxime für alle Finanzentscheidungen muss für Dich dabei immer gelten: Tu nur, was Du verstehst! Vereinfache dabei Deine Investments zu Beginn so stark, dass Sie für Dich selbst absolut transparent sind. Kaufe niemals ein Finanzmarktprodukt, dessen Funktionsweise und dessen Risiken und Chancen Du nicht verstehst. Bilde Dich ständig weiter und passe Deine Anlagestrategie Deinem Wissensstand an, aber mache diese nicht übermäßig komplex. Einfachheit siegt!

Wie immer gibt es zu jeder Regel Ausnahmen, und Regeln sind keine Dogmen. Daher kannst Du obigen Rat unter gewissen Bedingungen gleich wieder vergessen, nämlich dann, wenn Du ein Zauderer bist. Es gibt diese Typen, die nie in der Lage sind, Entscheidungen zu treffen, die immer meinen, eine Sache wäre noch nicht fertig oder nicht abschließend durchdacht, nicht bis in den letzten Winkel abgesichert. Dieser Menschentyp wird *immer* denken, er habe eine Entscheidung nicht zu Ende gedacht. Er wird auch *immer* denken, ein Finanzmarktprodukt nicht zu 100 Prozent verstanden zu haben und damit in die größte Falle für alle potenziellen Investoren treten: Er wird gar nicht investieren! Solltest Du ein Zauderer sein, so gilt für Dich eine andere Regel: Investiere in das Finanzprodukt, welches Du von allen am ehesten verstehst und dem Du am ehesten vertraust! In einem späteren Kapitel mache ich Dich mit den wichtigsten Anlageformen vertraut, habe bitte noch etwas Geduld.

Derjenige nämlich, der sich gar nicht traut, in den Markt einzusteigen, kann nur verlieren. Dabei spielt es am Anfang überhaupt keine Rolle, in was Du investierst, solange Dein Kapital dort nicht langfristig gebunden ist und für Dein Investment keine zu hohen Gebühren anfallen. Fakt ist, dass nahezu jedes Investment Dir auf die eine oder andere Weise Erträge zufließen lässt und dass diese Erträge vom Zinseszinseffekt profitieren.

Vielleicht kennst Du die Geschichte vom alten Jonathan, der im Jahre 100 eine Goldmünze auf die Bank bringt. Der damalige Bankier verspricht Jonathan einen Zins von 3 %. Leider verstirbt Jonathan während eines protosozialistischen Aufstands und seine Kinder wissen nichts von seiner Bankeinlage. Auch Enkel und Urenkel haben keine Kenntnis von Jonathans kleiner Münze. Erst Frida, die Ururenkelin von Jonathan, entdeckt 100 Jahre später zufällig das Sparbuch und geht auf die Bank. Sie stellt fest, dass dort nun nicht mehr nur eine Münze, sondern 19 Münzen für Jonathan zur Abholung bereit liegen. Eine beachtliche Geldvermehrung, so ganz ohne dafür arbeiten zu müssen. Aber die große Begeisterung will bei Frida auch nicht aufkommen, ein Vermögen ist das ja nicht gerade. Daher lässt sie das Gold auf der Bank liegen und für weitere 900 Jahre erfährt niemand davon. Im Jahr 1100 gerät das Sparbuch in die Hände von Ingo dem Irren. Ingo geht auf die Bank und will das Geld abholen. Er zeigt dem Bankier das Sparbuch und bittet diesen, die Zinsen für die letzten 900 Jahre nachzutragen. Der Bankier bekommt einen Herzinfarkt, fällt sofort tot um. Seine Erben müssen die Bank leider dem Irren Ingo überschreiben, denn die gigantische Summe von 6.874.240.231.117 Goldmünzen können sie natürlich nicht begleichen. Stell Dir jetzt noch vor, es wäre nicht bei der einen Münze geblieben, sondern Jonathan und seine Nachfahren hätten einen Sparplan eingerichtet und jeden Monat nur eine einzige weitere Münze gespart, das Geld aber nie abgehoben. Ein Erdball aus Gold wäre die Summe.

Zugegeben, ich mag diese Geschichte nicht besonders. Wer legt schon sein Geld über 1000 Jahre an? Und was ist eigentlich mit der Inflation? Wie wäre die Kaufkraft des Geldes nach 1000 Jahren? Und dennoch zeigt Jonathans Investment, dass sich gut angelegtes Geld ohne das Zutun des Investors exponentiell vermehrt und dass der entscheidende Faktor für die Geldvermehrung der Anlagehorizont ist, also die Laufzeit des Investments. Daher ist es von entscheidender Bedeutung, dass Du möglichst früh anfängst zu investieren, selbst wenn die Summe sehr gering ausfällt. Um Dir das zu verdeutlichen, vergleiche ich drei „Anlegerbiografien" miteinander: Lehrer Charly, Lehrer Kevin und Lehrerin Anne.

Lehrer Charly ist Kapitalist und entschließt sich schon zu Beginn seines Studiums mit 20 Jahren, eine kleine Summe von 100 Euro im Monat in einen ETF-Sparplan auf den MSCI World zu investieren, weil er der Macht des freien Marktes vertraut. Diesen Sparplan fasst er nie wieder an. Er erhöht ihn nicht und er hebt auch kein Geld ab. Das Ding lässt er bis zur Rente laufen, so dass er 47 Jahre in den Sparplan einzahlt. Sollten sich die historischen Entwicklungen auch in der Zukunft fortschreiben, so kann er hier, steuerbereinigt und abzüglich Kosten, mit etwa 6 % jährlicher Wertentwicklung rechnen.

Lehrer Kevin ist Sozialist und beschäftigt sich erst mit seiner ersten vollen Stelle mit Rentenvorsorge und beginnt im Alter von 30 Jahren, monatlich 200 Euro zu sparen. Da er nichts von Wirtschaft versteht, misstraut er der Börse und schließt stattdessen eine Lebensversicherung ab, die immerhin beachtliche 3 % Zinsen abwirft und 37 Jahre läuft. Zugegeben sind 3 % bei aktueller Marktlage ein Wunschtraum, historisch waren diese Renditen aber durchschnittlich durchaus zu erreichen, weshalb ich hier etwas Optimismus mit einberechne, um dem Kollegen Kevin Tränen zu ersparen.

Lehrerin Anne hingegen glaubt bis zu ihrem 40. Lebensjahr an funktionierende Rentensysteme und betreibt bis dahin gar keine Vorsorge. Dann wird sie wegen der steigenden Staatsverschuldung (und weil sie dieses Buch gelesen hat) allerdings nervös und in ihr erwacht der Geist der Eigenverantwortlichkeit. Sie entschließt sich daher, ihren jungen Kollegen Charly einzuholen, mit satten 380 Euro im Monat an die Börse zu gehen und in einen MSCI World-ETF zu investieren, in den sie die verbleibenden 27 Jahre bis zur Rente verlässlich einzahlt.

Schauen wir uns nun an, was dabei herauskommt:

Die drei Anlegertypen 1

		Charly	Kevin	Anne
1	Spardauer	47	37	27
2	Sparrate	100	200	380
3	Zinssatz der Geldanlage	6	3	6
4	Eingesetztes Kapital	56.400	88.800	123.120
5	Zinserträge	242.237	72.587	176.734
6	Endkapital	298.637	161.387	299.854
7	4/6	~19%	~55%	~41%

Vergleichen wir die drei Anlegertypen miteinander, so fällt sofort auf, dass Kevin sowohl das geringste Endkapital angespart hat als auch die höchste Quote an eingesetztem Eigenanteil aufweist, obwohl er eine doppelt so hohe Sparrate hat wie Charly. Seine schlechte Performance liegt im Wesentlichen an der mageren Verzinsung von 3 % begründet. Viel interessanter ist hingegen der Vergleich von Charly und Anne, denn beide verfügen bei Renteneintritt über fast exakt dasselbe Endkapital und haben auch in eine identisch verzinste Anlage investiert. Betrachtet man nun aber den Aufwand, den beide betrieben haben, so stellt man enorme Unterschiede fest. Während Charly in Summe nur

56.400 Euro investieren musste, um am Ende über fast 300.000 Euro zu verfügen, so bedurfte es bei Anne mehr als das Doppelte, nämlich 123.120 Euro. Alleine die längere Spardauer hat Charly hier gegenüber Anne einen enormen Zinseszinsvorteil verschafft.

Die Botschaft ist also klar: Investiere möglichst früh und nutze den Zinseszinseffekt. Werde unbedingt zum Investor und nicht nur zum Sparer!

Welche Investments dazu grundsätzlich in Frage kommen, erkläre ich Dir bald.

Schaffe Raum für passives Einkommen durch einen Nebenerwerb!

In der Einleitung habe ich Dir gesagt, dass man nur als Unternehmer oder als Investor reich werden kann – und dazu stehe ich auch weiterhin. Eine Unternehmensgründung erfordert aber gerade in der Vorbereitungsphase eine Menge Planungszeit, bis der Gedanke, das „Design" steht und in die Tat umgesetzt werden kann. Dies wird den wenigsten Vollberuflern gelingen und es stünde auch im Konflikt mit den gesetzlichen Regelungen. Eine solche Tätigkeit ist nämlich nur genehmigungsfähig, wenn kein Konflikt mit Deiner hauptberuflichen Tätigkeit vorliegt und dies ist kaum vorstellbar.

Dennoch ist es für echten Wohlstand, wenn auch nicht Reichtum, unabdingbar, dass Du die Rolle des Lohnarbeiters zum Teil verlässt bzw. ergänzt. Der Angestellte tauscht, wie auch der Arbeiter, sein ganzes Leben lang Zeit in Form seiner aufgewendeten Arbeitskraft gegen ein entsprechendes Entgelt. Im Umkehrschluss heißt das aber auch, dass das Einkommen sinkt, sobald man die Arbeitszeit reduziert. Weiterhin, und das ist viel entscheidender, ist Dein Einkommen nach oben hin limitiert, da ja auch die Arbeitszeit bzw. Deine Energie limitiert ist. Auf Dauer ist es daher keine gute Idee, sein Einkommen ausschließlich an die eigene Arbeitszeit zu koppeln. Dies klingt nicht nach einem guten Weg zur Freiheit, oder was denkst Du?

Ich denke, dass auch wir Angestellte und Beamte zu einem gewissen Teil zu Investoren und Unternehmern werden müssen. Nur so können wir ein von unserer Arbeit unabhängiges und unendlich skalierbares Einkommen generieren, ein sogenanntes passives Einkommen. Um ein passives Einkommen zu erzielen, gelten die bekannten Regeln: Löse Probleme anderer, schaffe Werte, investiere in Werte!

Wie Du das genau tun kannst, entzieht sich einer konkreten Anleitung und ist sehr individuell zu betrachten. Sowohl die Rolle des Investors als auch die des Unternehmers hängen ganz erheblich von Deinen persönlichen Präferenzen, Talenten, Interessen und Deinem Risikoprofil ab. Weiterhin spielt natürlich auch Deine familiäre Situation eine große Rolle. Dem kinderlosen Single steht logischerweise ein weitaus größeres Zeitpotential zur Verfügung als dem Verheirateten mit drei Kindern.

Wichtig ist aber in jedem Falle, dass Du mit Freude an Deine Tätigkeiten herangehst und einen Sinn in Deinem Schaffen siehst. Es muss auch gar nicht darum gehen, richtig viel Geld zu verdienen. Meines Erachtens stellt es schon eine gewaltige Leistung dar, wenn Du mittelfristig jeden Monat über 100 oder 200 Euro Zusatzeinkommen verfügst. Solltest Du dieses Geld nicht in den Konsum stecken, sondern gewinnorientiert anlegen und die Zinsen beständig reinvestieren, so wirst Du nach einigen Jahren einen schönen Kapitalstock erwirtschaftet haben und je größer dieser wird, desto schneller wird er, dem Zinseszinseffekt sei Dank, weiterwachsen. Dies motiviert dann wiederum zu weiteren Unternehmungen und es entsteht eine positive Aufwärtsspirale.

Aber was kann man nun tun, um ein kleines passives Einkommen zu erwirtschaften? Man muss zunächst aktiv etwas erschaffen! Du musst ein Gut zur Verfügung stellen, das sich nach seiner einmaligen Bereitstellung möglichst ohne weiteres Zutun verkauft und damit einen beständigen, wenn auch in der Höhe meist variablen, Cashflow generiert. Das Internet bietet heute zahlreiche Möglichkeiten, literarische und andere künstlerische Produkte zu vertreiben, ohne selbst den Vertrieb organisieren zu müssen. Gerade *Amazon* bzw. die von *Amazon* bereitgestellten Services sind hier ein Segen für Nebengewerbler. Als Künstler kannst Du Bilder oder Grafiken erstellen und diese auf Tassen, T-Shirts, Taschen oder andere Textilien drucken lassen, ohne Dich um Details kümmern zu müssen. Du erstellst im Grunde nur Deine Bilder, lädst sie hoch und die Kunden können dann die Produkte bestellen. *Amazon* lässt dann *just in time* produzieren und versendet an den Kunden. Du selbst bezahlst nur eine anteilige Gebühr an *Amazon* und hast im Nachgang nahezu keine Arbeit mehr. Ebenso verhält es sich mit E-Books, die Du auch über *Amazon* oder andere Anbieter vertreiben lassen kannst. Mittlerweile ist es sogar möglich, Deine Bücher als gedruckte Exemplare zu verkaufen. Auch hier hast Du, mit Ausnahme Deiner Steuererklärung, fast keine Arbeit mehr. Jetzt ist es natürlich so, dass diese einmal zur Verfügung gestellten Güter irgendwann an Attraktivität verlieren und entweder ergänzt oder überarbeitet werden müssen, so dass der Begriff des passiven Einkommens immer nur für eine begrenzte Zeit wörtlich zu nehmen ist.

Gerade wenn Du Dein Erstlingswerk ablieferst, so wie ich das vorliegende Büchlein, werden Dir viele Fehler unterlaufen oder Du wirst selbst nicht richtig zufrieden sein. Dennoch empfehle ich Dir, nicht nach Perfektion zu streben, denn dann wirst Du nie fertig. Mein Anspruch ist es, zunächst ein hilfreiches Buch zu schreiben, und nicht, ein völlig durchstrukturiertes und sprachlich ausgefeiltes Werk zu erschaffen. Ich habe mir vorgenommen, etwa ein Jahr daran zu arbeiten und es dann zu veröffentlichen, obwohl mir selbst einiges nicht gefällt und ich weder mit der Struktur noch mit der Präzision zu hundert Prozent zufrieden bin. Ich möchte aber erst mal sehen, wie sich ein solches Buch verkauft und ob es überhaupt von den potenziellen Lesern nachgefragt und gewürdigt wird.

Ich rate Dir, ebenso zu verfahren, also in recht kurzer Zeit etwas Brauchbares zu publizieren, denn nur so bekommst Du eine Rückmeldung vom Markt und kannst Dich danach um eine Neuauflage oder Fortsetzung bemühen.

Realistisch betrachtet, und Realismus unterscheidet diesen Ratgeber von vielen anderen, kann eben nicht jedermann passives Einkommen durch einen solchen Nebenerwerb generieren. Man braucht schon etwas Lust und/oder Talent und zudem müssen die eigenen Fähigkeiten auch in digitaler Form Ausdruck finden können, um wirklich passiv vermarktet werden zu können. Bitte sieh dieses Kapitel daher mehr als Gedankenanstoß denn als konkrete Anleitung, denn das Thema ist viel zu breit, um es in diesem Büchlein darzulegen. Schau einfach, ob Du für Dich eine Möglichkeit siehst, aus meinen Anstößen etwas zu machen; und falls nicht, dann sei nicht betrübt, denn während nicht jeder unternehmerisch oder freiberuflich tätig sein kann, so steht die Rolle des Investors jedem offen!

4   PRAXIS I: LEBEN UND VORSORGEN

In diesem letzten Kapitel wird es konkret! Wir werden uns gemeinsam anschauen, was das Leben kostet, wie man die eigene Existenz und Arbeitskraft gezielt absichert, wie man sein Einkommen spart und klug investiert. Ich werde dabei auch recht viel Persönliches preisgeben, meine eigene Finanzplanung in Teilen vorstellen, erklären, warum ich exakt so entschieden habe und welche Entscheidungen ich heute anders treffen würde. Es sei also schon vorweggenommen, dass ich selbst Fehler gemacht habe, aber ich wusste es eben nicht besser. Durch das gesamte Kapitel wird sich ein roter Faden in Form eines sich ständig weiter entwickelnden Fallbeispiels ziehen. Ich möchte zunächst den Fall erläutern und einige grundlegende Gedanken voranstellen.

Wir müssen, damit wir uns nicht den Blick auf das Wesentliche verstellen, den Fall stark vereinfachen und in seiner Komplexität reduzieren. Dies ist absolut zulässig und sinnvoll und ich will kurz erklären, warum. Anfangs wurden ein Vergleich von Angestelltenverhältnis und Beamtentum angestellt und zahlreiche Unterschiede deutlich gemacht. Aber erinnere Dich: Wo der Beamte ein höheres Monatsnetto hat, da kontert der Angestellte mit dem Weihnachtsgeld. Wo beim Beamten ein scheinbarer Nettovorteil besteht, da wird dieser durch den abzuziehenden Beitrag zur PKV nahezu komplett aufgefressen. Nicht zu vergessen sind die schnelleren Stufenaufstiege der Angestellten, die bereits nach 16 Jahren das Höchstgehalt erreichen, während die Beamten darauf 23 Jahre warten müssen. Und schlussendlich nähern sich die Gehälter in steigender Geschwindigkeit weiter einander an, während die Beitragssteigerungen in der PKV für die Beamten zu einer zunehmenden Belastung werden dürften. Kurz: Wenn ich hier als Beispiel den typischen A 13-Beamten verwende, dann sind die Erkenntnisse mit leichten Abstrichen auch auf den angestellten Lehrer übertragbar.

Weiterhin gehen wir in meinem Fall von einer konservativen und damit realistischen Betrachtung der Lohnentwicklungen aus. Das heißt konkret, dass ich davon ausgehe, dass die Löhne im Öffentlichen Dienst mittelfristig nicht mit denen in der freien Wirtschaft mithalten werden und Reallohnzuwächse kaum zu erwarten sind. Zudem wird durch die steigenden Gesundheitskosten für die Beamten und analog durch die steigenden Finanzierungskosten für die Rente der Angestellten die Abgabenlast für beide Gruppen ansteigen. Konkret heißt das, dass ich Lohnsteigerungen durch tarifliche Gehaltserhöhungen und Erfahrungsstufenaufstiege hier weitgehend ignorieren werde. Ich gehe daher vereinfacht davon aus, dass ein Beamter, der heute in der Erfahrungsstufe 3 ist, über dieselbe Kaufkraft verfügt wie derselbe Beamte, wenn er in 16 Jahren in der Erfahrungsstufe 8 sein wird. Du kannst für Dich selbst gern eine andere, optimistischere Annahme treffen, aber ich rechne gern konservativ; und sollte es besser kommen, so freue ich mich darüber. Dieser Ansatz ist mir lieber als eine auf Kante genähte Finanzplanung, die nachher an ihren eigenen Erwartungen scheitert, was besonders bei langfristigen Projekten wie einer Immobilienfinanzierung fatale Folgen haben kann. Aber jeder, wie er will!

Weiterhin wird unser Musterlehrer, zwecks Vergleichbarkeit und Komplexitätsreduktion, etwa 30 Jahre alt und ledig sein, keine Kinder haben und in einer mittelteuren Lage in einer mittelgroßen Wohnung wohnen. Er wird ebenfalls einen Mittelklassewagen leasen oder kaufen und insgesamt gut, aber nicht allumfassend versichert sein. Jeder Leser mag diese Fixpunkte als Variablen betrachten und für sich modifizieren. Ich möchte es aber einfach halten, weshalb ich hier den absoluten Durchschnittslehrer generiere. Und ganz ehrlich, ich kenne diese Person persönlich, es gibt sie wirklich – ich bin es aber nicht!

Ich kenne zahlreiche Personen, die sich das Leben schön (billig) rechnen. Wenn man sie fragt, dann zahlen sie für die Wohnung 600 Euro Warmmiete, leasen für 150 Euro/Monat ein Auto und rechnen mit ihrer Rentenvorsorge von 200 Euro im Monat mit einer zukünftigen Monatsrente von 400 Euro. Inflation kennen sie nicht. Was genau sie für Versicherungen zahlen und warum sie welche Versicherung haben, das wissen sie nicht. Kosten für GEZ, DSL, Handy, Kreditkarten, Vereinsmitgliedschaften usw. haben sie zwar, das taucht aber in deren Finanzplanung schlichtweg gar nicht auf. Auch, dass sie sich die 150 Euro/Monat für das Leasingfahrzeug erst mit einer Anzahlung von 5000 Euro erkauft haben und dass somit für das nächste Fahrzeug ebensolche Rücklagen neben den Leasingkosten gebildet werden müssen, das wissen sie zwar, blenden es aber völlig aus.

Wir wollen eine realistische und an der Lebenspraxis eines Lehrers orientierte Kostenaufstellung vornehmen, die Dir einen echten und ungeschönten Überblick gibt, Dir Deine Grenzen, aber auch Spielräume aufzeigt. Wir beginnen mit den Lebenshaltungskosten und den Kosten für Mobilität und schauen uns dann die notwendigen Versicherungen an.

4.1   Leben, Wohnen und Fahren

Wir sind keine Frugalisten, wir sind Akademiker und wollen zumindest einen Lebensstandard, der über das Nötigste hinausgeht. Das bedeutet, wir werden vernünftig wohnen (kein Dachgeschoss!), halbwegs gut essen und ein Auto fahren, das im Sommer kühl und im Winter warm ist. Ganz konkret wird unser Musterlehrer in Limburg an der Lahn wohnen, einer Kleinstadt mit im Kern etwa 15.000 Einwohnern, guter Verkehrsanbindung, hoher Lebensqualität und adäquaten Mietpreisen. Die Entfernung zu unserem Arbeitsplatz soll 30 km betragen, die täglich gependelt werden müssen. Damit erkaufen wir uns die im Vergleich zu Frankfurt, Köln oder Wiesbaden viel niedrigeren Kosten für das Wohnen. Dabei gilt, dass je kleiner die Wohnung ist, desto höher fallen die Preise pro Quadratmeter aus.

Die günstigsten Preise in Limburg findet man „In der Schwarzerde". Der Ortsunkundige freut sich nun über schöne 6 Euro/qm und mietet das Teil. Allerdings merkt er dann nach einiger Zeit, dass recht viele ältere Herren sich dort allein in der Nachbarschaft tummeln. Ja, Du ahnst es bereits, dort hat sich ein Puff angesiedelt und das drückt die Mietpreise in der Umgebung. Da ungewöhnlich niedrige Preise immer eine handfeste Ursache haben, können wir uns nie an den niedrigsten Kosten orientieren, die wir irgendwo vorfinden. Kurz gesagt werden wir auch in einer westlichen Kleinstadt nicht unter die 10 Euro/qm Warmmiete kommen, realistisch sind bei kleineren Wohnungen um die 60 qm eher Preise von 11–12 Euro/qm. Unsere virtuelle Wohnung setzen wir also mit **720 Euro Warmmiete** monatlich an. Drunter gibt's nur bei Mutti.

Hinzu kommen nun Telekommunikationskosten, die ich hier zu den Wohnkosten dazu zähle. **30 Euro für DSL/Telefon** plus gerundet **20 Euro für die GEZ** im Monat sind Standard. So summieren sich die Wohnkosten auf endgültig **770 Euro**.

Bei der Mobilität setzen wir auf einen auf 36 Monate geleasten VW Polo, Benziner, mit 95 PS und einer etwas gehobenen Ausstattung (v. a. Klimaautomatik und Sicherheitspaket, sonst kein Schnick-schnack). Wir packen sinnvollerweise Winterreifen dazu und entscheiden uns für eine jährliche Laufleistung von 15.000 km. Auf eine Anzahlung verzichten wir. Der kleine Flitzer kostet uns recht exakt 220 Euro monatlich. Nur haben wir bisher weder Inspektionen gemacht und Rücklagen für Verschleißteile gebildet noch eine KFZ-Versicherung abgeschlossen noch Steuern bezahlt oder getankt. Du siehst es schon, motorisierte Mobilität ist eine Geldvernichtungsmaschinerie, aber für die Grünen noch lang nicht teuer genug. Wir packen also bei unserem Leasingangebot noch das Wartungspaket für knapp 25 Euro im Monat obendrauf und schließen eine Vollkasko (Pflicht bei Leasingfahrzeugen) für weitere 75 Euro monatlich ab (je nach Schadensfreiheitsklasse und Regionalklasse kann dieser Preis extrem in beide Richtungen variieren, ich gehe hier vereinfacht von SF-Klasse 10 aus). Addiert sind es nun schon 320 Euro monatlich. Bei einer monatlichen Fahrleistung von etwa 1200 km und den aktuell recht günstigen Spritpreisen kommen recht exakt 100 Euro für Benzin monatlich obendrauf, so dass Du nun summa summarum mit **420 Euro Mobilitätskosten** pro Monat rechnen kannst. Jetzt beginnen sicher die Ersten schon mit der Schönrechnerei, weil das ja gar nicht sein kann, das sei ja viel zu viel. Nee, ist es nicht, es ist sogar noch günstig gerechnet. Billiger geht es nur mit einem alten Gebrauchten, aber dann sind die Reparaturen die große Unbekannte und der Verbrauch ist oft höher. Zudem beachte in Zeiten von Dieselgate auch mögliche Einfahrverbote. Mit einem gekauften PKW bindest Du Dich über Jahre und wenn Du eines Morgens nicht mehr auf die Arbeit kommst, weil der institutionalisierte Ökofaschismus in Form der DHU auf ihrem Feldzug gegen die individuelle Freiheit und Mobilität auch Deine „Arbeitsstadt" verklagt hat, dann kannst Du Deinen Gebrauchten mit enormem Wertverlust verkaufen – ich weiß, wovon ich rede! Und die grüne Verbotsindustrie macht so schnell nicht halt. Letztlich ist das natürlich Deine Entscheidung, aber sei so ehrlich, und rechne, falls Du Dich für den Gebrauchtwagen entscheidest, mit realistischen Rücklagen für Reparaturen, Verschleiß und Inspektionen und noch viel höheren Rücklagen für die Neuanschaffung des nächsten PKW in sechs oder sieben Jahren. Denke dabei auch an die Inflation. Das heißt, dass die Ersatzbeschaffung eines PKW in derselben Klasse wie dein aktuelles Auto in sechs Jahren etwa 15–20 Prozent teurer sein dürfte. Passe Deine Sparrate also realistisch an und belüge Dich nicht selbst, weil nicht sein kann, was nicht sein darf. Ich gebe aber zu, dass Du, wenn alles gut läuft, mit der Gebrauchtwagenoption gut 100 Euro im Monat billiger wegkommen kannst als mit der Leasingvariante. Aber es läuft eben nicht immer alles gut. Entscheide selbst. Ich für meinen Teil tendiere aktuell eher dazu, mir Flexibilität und eine Mobilitätsgarantie mit evtl. etwas höheren Kosten zu erkaufen, bis sich die Friktionen am Automobilmarkt gelegt haben. Ob das clever ist, weiß ich nicht und da mein Euro-5-Diesel hoffentlich noch eine Weile durchhält, mag das in einigen Jahren wieder ganz anders aussehen. Ich hoffe das sehr, denn in der Regel ist ein Gebrauchtwagen dem Privatleasing vorzuziehen.

Zwischenrechnung 1: nach Wohnen und Mobilität

Einkommen = 3342 Euro

- 770 Euro Wohnkosten

- 420 Euro Mobilitätskosten

Rest von **2152 Euro**

Nach all dem Stress plagt unseren Hobbypädagogen natürlich der Hunger und da seine Frustrationsschwelle überschritten ist, hat er auch gewaltigen Durst, und zwar nicht nur auf Milch und Wasser. Zur Burnoutprävention erfrischt er sich zudem täglich unter der Dusche und putzt sich im Sinne der Volksgesundheit gut die Zähne. Gegen die soziale Kälte, die er als Linker unentwegt empfindet, kauft er sich warme Kleidung und um seine täglichen Tränen (weil es keinen Weltfrieden gibt) vom Boden zu wischen, benötigt er Putzmittel und entsprechende Utensilien. Er hat Glück, dass er sämtliche Möbel steuerfrei geerbt hat, obwohl er selbst für eine Erbschaftssteuer ist. Trotz aller moralischer Dissonanzen macht er die Rechnung auf: Er will wissen, welche Lebenshaltungskosten seine bourgeoise Existenz monatlich verschlingt.

Nun, ganz ehrlich, das ist enorm variabel und kaum zu beziffern. Bei mir sind es gut **300 Euro im Monat**, also 10 Euro täglich, die ich für **Haushaltsführung** (Essen, Trinken, Putzutensilien, Kosmetik usw.) einplane. Restaurantbesuche zähle ich nicht dazu, denn die gelten für mich als Freizeit/Luxus und sind damit kein Teil meiner Basislebenshaltungskosten. Kosten für Kleidung sind dort auch nicht enthalten, denn auch die sind kaum zu beziffern, da die Anschaffungen völlig unregelmäßig erfolgen und je nach Qualität hält ein Stück zwei Jahre oder eben auch zehn Jahre. Man kann überlegen, was man grob jedes Jahr benötigt: vielleicht eine neue Hose für 100 Euro, eine Jacke für 200 Euro, dazu noch jährlich ein Paar neue Schuhe für 150 Euro und einige Socken, Shirts, Unterhosen für ebenfalls 100 Euro in Summe. Zwei neuen Hemden, oder bei den Damen Blusen, für jeweils 50 Euro scheinen mir auch angemessen, obwohl man mir versicherte, dass dies weit entfernt vom realen Kaufverhalten der Frauen sei. Womöglich sollte man als Frau nur kaufen, was man auch wirklich trägt. Ich weiß, das ist Ketzerei! Aber weiter im Text: Im Winter ein Pulli für 100 Euro ist auch was Feines. Alle paar Jahre mal ein neuer Anzug (20 Euro monatlich). Das dürfte es gewesen sein. Ich komme auf 770 Euro im Jahr, das macht dann gerundet **65 Euro im Monat für Kleidung**.

Zwischenrechnung 2: nach allen Lebenshaltungskosten

Einkommen = 3342 Euro

- 770 Euro Wohnkosten

- 420 Euro Mobilitätskosten

- 300 Euro Basislebenshaltungskosten

- 65 Euro Kleidung

Rest von **1787 Euro**

4.2 Absichern

Neben den Lebenshaltungskosten zählen noch die Versicherungen zu den Fixkosten, da diese monatlich durch einen Beitrag, oder eine Beitragsrücklage bei jährlichen Beitragszahlungen, fällig werden und nicht ohne weiteres ausgesetzt werden können. Hierbei gibt es einige zwingend notwendige Versicherungen, die echte Lebensrisiken abdecken und auf die man nicht verzichten sollte, selbst wenn sie recht kostspielig sein können. Auf der anderen Seite kann man in der Regel auf jegliche Konsumversicherungen, wie Handyversicherung oder Versicherungen für Elektrogeräte usw., verzichten. Falls hier Schäden auftreten, bezahlt man das lieber aus einer zweckungebundenen Rücklage. Die dritte Gruppe von Versicherungen fällt in die „Kann-man-machen-Kategorie". Ob man hier zuschlägt oder nicht, hängt erheblich von der persönlichen Lebenslage und der individuellen Risikoaversion ab.

Zur Muss-Kategorie gehören die Krankenversicherung, die private Haftpflichtversicherung, die Dienstunfähigkeitsversicherung, die Dienstrechtsschutzversicherung sowie, sofern man Hausbesitzer ist, auch einige Gebäudeversicherungen, auf die ich aber nicht weiter eingehen werde.

Zur Kann-Kategorie gehören die Rechtsschutzversicherung (Privat, Verkehr, Beruf, Wohnen), die Hausratversicherung, die PKW-Vollkaskoversicherung, die Zahnzusatzversicherung, die Krankenhauszusatzversicherung, die Unfallversicherung und natürlich die private Rentenversicherung. Letztere kannst Du auch gern in die Muss-Kategorie schieben, sofern du keine anderweitige private Vorsorge betreibst, was Du aber unbedingt tun solltest.

Völlig unnötig sind jegliche Konsumversicherungen, die den Defekt eines Konsumgutes absichern sollen. Auch Kreditausfallversicherungen sind meist Unsinn und reine Geldmacherei der Versicherungsbranche. Ich halte diese Versicherungen für unlauter, denn Kreditausfallrisiken sind bereits im vereinbarten Zins oder in den Bürgschaften berücksichtigt und sollten nicht durch ein weiteres Versicherungsprodukt abgesichert werden.

Wir schauen uns nun die wichtigsten Versicherungen nacheinander an und ich erkläre Dir, warum ich diese jeweils für wichtig bzw. unwichtig halte und auf was Du besonders achten musst. Eine echte Beratung kann ich hier natürlich nicht durchführen. Einige dieser Versicherungen kannst Du getrost, sofern Du keine extrem unkonventionellen Lebensumstände hast, ohne große Beratung über eine Direktversicherung oder über das Internet abschließen. Bei anderen hingegen übersteigt die Komplexität der Produkte oft sogar die Kompetenz der Berater oder auch unabhängiger Makler. Hier solltest Du vorsichtig sein, genau lesen und im Zweifelsfall weitere Beratung in Anspruch nehmen. Ich weise im Folgenden gezielt darauf hin.

4.2.1 Privathaftpflichtversicherung

Das ist meine Lieblingsversicherung, sie ist bitter nötig, sehr kostengünstig und leicht zu verstehen. Hier kannst Du fast nichts verkehrt machen, wenn du etwa bei *Check24* immer das Maximum an Versicherungsschutz und Deckungssummen anklickst und dann den Anbieter mit der besten Note auswählst. Die dort gelisteten Produkte sind im Grunde allesamt gut und günstig, und zwar egal, ob Du einen eher geringen oder einen Maximalschutz auswählst. Es gibt auch hier wenig zu beachten, da selbst die „schlechten" Anbieter noch gut genug sind.

Sofern Du die sogenannte *Bestleistungsgarantie* und die *Ausfalldeckung* wählst, bist Du auf der sicheren Seite. Die Deckungssumme sollte mind. 20 Mio. Euro betragen, besser 50 Mio. Die Kosten belaufen sich auf 50 bis 100 Euro im Jahr, im Monat also gut investierte 4–8 Euro.

Haftpflichtversicherungen decken Schäden ab, die Du selbst anderen Personen oder Gegenständen zufügst. Das reicht vom heruntergeworfenen Handy bis zur unabsichtlich zugefügten Querschnittslähmung, weil Dir der Blumentopf vom Geländer fällt oder ein morscher Baum aus Deinem Garten dem Nachbarssohn den Schädel verbeult. Und hier siehst Du schon, warum diese Versicherung einen echten Existenzschutz darstellt. Denn falls Du jemanden in den Rollstuhl bringst, dann darfst Du ein Leben lang dafür zahlen. Man wird Dir Deinen Lohn bis zum Existenzminimum pfänden, bis Du oder der Geschädigte stirbt. Freiheit ade!

4.2.2   Berufs- bzw. Diensthaftpflichtversicherung

Als Lehrer hast Du es mit Kindern und Jugendlichen zu tun und daraus resultiert eine Aufsichts- und Fürsorgepflicht. Verletzt Du Deine Pflichten und resultiert daraus ein Schaden an Personen oder Gegenständen, so kannst Du haftbar gemacht werden. Sei es im Experimentalunterricht, auf Klassenfahrten, bei der Pausenaufsicht oder auch während der Fahrt mit dem Dienstwagen – richtest Du Schäden an Sachen oder Personen an, so kann Dich das teuer zu stehen kommen.

Auch als Lehrer hast Du hohe Risiken, etwa auf Klassenfahrten. Du vernachlässigst Deine Aufsichtspflicht oder bist überfordert oder was auch immer. Wenn ein Kind zu Schaden kommt, dann hast Du ein Problem. Ein weiterer Bestandteil der Diensthaftpflicht sollte auch eine Schlüsselverlust-Komponente sein. Solltest Du in der Schule oder in einem großen Mietshaus den Schlüssel verlieren, muss oft die gesamte Schließanlage ausgetauscht werden, was schnell mehrere zehntausend Euro kosten kann. Lehrer kennen das: Schlüsselverlust bringt einen zum Schwitzen, auch wenn man ihn dann meist auf dem Klo, am Vertretungsplan oder beim Kopierer wiederfindet.

Du haftest jedoch nicht in allen Fällen, denn Angestellte sind grundsätzlich *haftungsprivilegiert*. Das heißt, dass sie für Schäden, die sie während ihrer beruflichen Tätigkeit verursachen, in der Regel nicht selbst haften müssen, sondern über ihren Arbeitgeber abgesichert sind. Verletzt nun ein Lehrer aber schuldhaft seine Dienstpflichten und ein Geschädigter verklagt den Dienstherrn, so kann der Lehrer selbst vom Dienstherrn in Regress genommen werden und muss dem Dienstherrn den erlittenen Schaden begleichen, und zwar völlig egal, ob man Angestellter oder Beamter ist. Was heißt nun aber schuldhaft? Grob gesagt, gibt es drei Stufen von schuldhaftem Verhalten: leichte Fahrlässigkeit, grobe Fahrlässigkeit und Vorsatz. Im Falle einer leicht fahrlässigen Handlung ist der Lehrer gar nicht haftbar zu machen. Im Falle eines Vorsatzes haftet er voll und hier wird auch keine Versicherung einspringen. Somit bleiben nur grob fahrlässige Handlungen, die über eine private Diensthaftpflichtversicherung abgesichert werden müssen. Da im Schadensfall dem Lehrer recht schnell ein grob fahrlässiges Verhalten nachgewiesen werden kann, empfiehlt sich eine private Diensthaftpflichtversicherung auf jeden Fall. Es gibt sie entweder als sehr günstige Ergänzung zur Privathaftpflicht oder im Rahmen der Mitgliedschaft in einem Lehrerverband, wie etwa der GEW für die Genossen oder dem Philologenverband für die Kameraden unter den Pädagogen. Es sei aber erwähnt, dass sich die Mitgliedschaft in einem Lehrerverband alleine wegen der Versicherungen finanziell nicht lohnt. Die Diensthaftpflicht als Ergänzung zur Privathaftplicht kostet im Jahr vielleicht 20 Euro Aufpreis, wohingegen die Jahresmitglied-schaft in einem Lehrerverband in etwa das zehn- bis fünfzehnfache kostet. Lehrer an Privatschulen müssen im Übrigen darauf achten, dass ihre Versicherung auch wirklich greift und nicht nur für Angestellte im Öffentlichen Dienst ausgelegt ist. Wir rechnen mit **10 Euro** monatlich für die Privathaftpflichtversicherung mit integrierter Diensthaftpflicht-Komponente.

Meines Erachtens ist eine Diensthaftpflichtversicherung unbedingt an-geraten. Sie ist wichtig und noch dazu sehr günstig zu haben.

4.2.3   Dienst- oder Berufsunfähigkeitsversicherung (DU/BU)

Die BU oder DU ist versicherungstechnisch eines der dicksten Bretter, die Du bohren kannst und leider auch bohren solltest. Der Verlust der eigenen Arbeitskraft ist neben zeitlich begrenzter Krankheit und Ar-beitslosigkeit das größte Lebensrisiko. Aber während Du bei Krankheit selbst als gesetzlich Versicherter völlig ausreichend geschützt bist und Du Dir als Arbeitsloser mit guter Bildung stets wieder einen Beruf su-chen kannst, so bist Du als langfristig Berufsunfähiger von Staatsseite faktisch nur auf Hartz IV-Niveau abgesichert. Lass Dich von den viel höheren Beträgen in Deinem Rentenbescheid nicht irritieren, denn die dort aufgeführte Erwerbsunfähigkeitsrente wird nur unter strengsten Bedingungen in voller Höhe gezahlt und diese Bedingungen sind reali-ter nicht erfüllbar. Es ist reiner Fake!

Im Unterschied zu Krankheit und Arbeitslosigkeit hält dieser Zustand leider oft ein ganzes Leben an und Du kannst rein gar nichts dagegen tun. Sei es nun ein Autounfall oder eine schwere Krankheit, wenn Du nicht mehr arbeiten kannst, dann wirst Du als Angestellter entlassen und als Beamter in den Ruhestand versetzt, ohne Bezüge. Als Angestellter bekommst Du nun eine recht niedrige Erwerbsminderungsrente, aber auch nur, wenn Du gar nicht mehr arbeiten kannst, also auch in keinem anderen Beruf. In allen anderen Fällen, die viel häufiger sind, droht die sogenannte Grundsicherung bei Erwerbsunfähigkeit. Diese bedeutet Armut und Verzweiflung. Hartz aber herzlich.

Für Beamte stellt sich der Sachverhalt etwas komplexer dar. Beamte auf Widerruf, Beamte auf Probe und Beamte auf Lebenszeit, die nicht mindestens fünf Jahre Dienstzeit hinter sich haben, sind genau so arm dran wie Angestellte und werden identisch behandelt, also faktisch aus dem Dienst in die Armut entlassen.

Beamte auf Lebenszeit mit mindestens fünf Jahren Dienstzeit sind hingegen erheblich bessergestellt, wenn auch nicht direkt gut, zumindest nicht zu Beginn. Durch das nur für Beamte geltende Alimentationsprinzip haben Beamte auf Lebenszeit einen Mindestanspruch auf eine DU-Rente und dieser beträgt mindestens 35 % des eigenen Grundgehalts oder, je nachdem was für den Beamten günstiger ist, 65 % des Endgehalts der Besoldungsgruppe A 4. Für einen A 13-Beamten in der Stufe 3 sind das, sofern die Wartezeit von fünf Jahren erfüllt ist und die Dienstunfähigkeit dann kurz danach eintritt, in beiden Fällen knapp 1500 Euro. Mit jedem weiteren Dienstjahr steigt dieser Betrag weiter an (da sowohl das Grundgehalt als auch die Dienstzeit, mit der das Grundgehalt multipliziert wird, ansteigen), so dass die Versorgungsglücke bei Beamten jährlich abnimmt.

Ein weiterer Unterschied zwischen Beamten und Angestellten ist, dass Angestellte „berufsunfähig" werden, wohingegen Beamte „dienstunfähig" werden, und das ist nicht dasselbe! Berufsunfähigkeit liegt dann vor, wenn der Beruf wegen Krankheit, Kräfteverfall oder Körperverletzung (unfallbedingt werden nur etwa 10 % aller Fälle berufsunfähig) nicht mehr ausgeübt werden kann. Jetzt ist es aber so, dass der Staat gar keine Rente bezahlt, wenn Du mindestens sechs Stunden am Tag in irgendeinem Beruf arbeiten kannst, und zwar völlig egal, ob als Lehrer oder Kassierer. Falls Du zwischen drei und sechs Stunden arbeiten kannst, erhältst Du 50 % der staatlichen Erwerbsminderungsrente, und erst wenn Du weniger als drei Stunden täglich irgendeiner Tätigkeit nachgehen kannst, erhältst Du die volle Erwerbsminderungsrente. Dazu musst Du noch zahlreiche weitere Mindestversicherungszeiten erfüllen und Wartezeiten einhalten; in der Regel fünf Jahre, sonst gehst Du leer aus und es gibt Hartz IV. Zusammengefasst bekommst Du also nur etwas vom Staat, wenn Du so dermaßen im Arsch bist, dass Du das Wenige, was Du bekommst, ohnehin kaum mehr ausgeben kannst. Das ist aber eher nicht die Regel, sondern die Ausnahme, vor allem deshalb, weil ein nicht unerheblicher Teil der Berufsunfähigen auf Grund von psychischen Leiden nicht mehr voll arbeiten gehen kann – und Du ahnst es wahrscheinlich schon: Bei einem Burnout oder einer Depression zahlt der Staat gar nichts bzw. nur oben erwähnte Grundsicherung, denn psychische Leiden sind explizit als Ursachen für eine „echte Erwerbsminderung" ausgeschlossen. Es geht noch weiter: Alle Leistungen aus Deiner privaten BU werden voll auf die staatliche Grundsicherung bei Erwerbsminderung angerechnet, hossa! Daher kommst Du nicht umher, privat vorzusorgen – und zwar nicht zu knapp.

Als Beamter sind Deine Risiken, berufsunfähig zu werden, interessanterweise höher als bei Angestellten, denn hier kann Dich der Dienstherr, selbst wenn Du nach medizinischer Sicht gar nicht berufsunfähig bist, schon vorab für dienstunfähig erklären und entweder entlassen (bei Beamten auf Widerruf und Beamten auf Probe) oder in den vorzeitigen Ruhestand versetzen. Die Hürde für eine Dienstunfähigkeit liegt also niedriger als für eine Berufsunfähigkeit. Daher ist es für Beamte wichtig, auf eine sogenannte echte DU-Klausel in den Versicherungsverträgen zu achten, so dass die Versicherung auch zahlt, wenn Du noch gar nicht *berufsunfähig*, aber bereits *dienstunfähig* bist. Du siehst, die Materie ist extrem komplex und ich bin auf die wirklich schwierigen Punkte erst gar nicht eingegangen. Ich kann nur meinen Appell wiederholen und Dir dringend empfehlen, Dich professionell beraten zu lassen, denn eine BU bzw. DU ist definitiv nichts, was man mal schnell über *Check24* abschließen sollte und auch nichts, woran man sparen darf. Denn es ist wichtig, dass die Versicherung schnell, unkompliziert und vollständig leistet, und nicht, dass sie besonders günstig daherkommt. Abschließend möchte ich Dir aber doch einige Aspekte nennen, auf die Du beim Vertragsabschluss achten solltest:

- Schließe die BU immer als eigenständigen Vertrag ab und vermeide Kombiprodukte, die Dir Steuervorteile versprechen.
- Achte als Beamter auf eine echte DU-Klausel. Als Angestellter solltest Du ebenfalls darauf achten, sofern Du noch Beamter werden kannst und willst. Andernfalls kannst Du Dir den (nicht unerheblichen) Aufpreis sparen.
- Schließe die Versicherung bereits als Student ab, wenn Du noch gesund bist. Das senkt das Risiko des Ausschlusses von Leistungen und zudem ist Dein Beitrag niedriger.
- Achte auf den Verzicht auf die sogenannte abstrakte Verweisung.
- Vereinbare eine Beitragsdynamik und eine Leistungsdynamik, damit die Versicherungsleistungen auch mit den steigenden Löhnen sowie der Inflation schritthalten.

- Wähle die Versicherungssumme so, dass Du im Falle einer Berufs- oder Dienstunfähigkeit Deine Fixkosten decken kannst und noch etwas Taschengeld übrig hast.

Jetzt wollen wir doch mal sehen, was das ganze konkret kostet. Betrachten wir zunächst die Kosten der von „Experten" empfohlenen Absicherung. Wir versichern unseren am 01.01.1990 geborenen Gymnasiallehrer im Angestelltenverhältnis mit 80 % seines Monatsnettos, dieses beträgt Pi mal Daumen 2700 Euro, die Versicherungssumme setzen wir demnach auf 2160 Euro. Wir versichern mit einer 3%igen Beitragsdynamik und einer 2%igen Leistungsdynamik bis zum 67sten Lebensjahr. Ganz abgesehen davon, dass gar nicht jeder Versicherer das Risiko eingeht, einen Kunden so lange und so hoch abzusichern, sind auch die Kosten nicht von schlechten Eltern. Sie liegen bei guten Versicherern und guten Leistungen zwischen 150 und 200 Euro im Monat, das sind 1800 bis 2400 Euro jährlich oder, anders ausgedrückt, etwa 5,5 bis 7,5 Prozent des Nettoeinkommens.

Die Rechnung für den Beamten sieht etwas anders aus, da er eine etwas niedrigere Versicherungssumme ansetzen kann (und oft auch muss, da die Versicherer eine Überversicherung des Beamten ausschließen müssen), dafür aber unbedingt auf die DU-Klausel zu achten hat, die ebenfalls einen Aufpreis kostet. Versichern wir unseren Beamten mit 2000 Euro im Monat unter den genannten Bedingungen, so zahlt er einen etwas niedrigeren Beitrag als der Angestellte, nämlich zwischen 130 und 150 Euro im Monat. Aber auch hier ist die Summe der Anbieter, die eine solch hohe Absicherung bis zum Renteneintritt anbieten, nicht sonderlich hoch.

Ich möchte hier einen aus meiner Sicht sinnvollen und finanzierbaren Vorschlag unterbreiten, auch wenn mich die Versicherungsbranche der groben Fahrlässigkeit bezichtigen möge. Ich bin nicht der Meinung, dass sich jedes Lebensrisiko absichern lässt, und vor allem nicht in dem Maße, dass im Versicherungsfall eine volle Aufrechterhaltung des aktuellen Lebensstandards nötig ist. Wenn man wirklich berufsunfähig wird und nicht mehr arbeiten kann, dann dürfte man doch auch kaum in der Lage sein, ein aktives und teures Leben zu führen; oder man wird sich eben etwas einschränken müssen. Die Vollversorgungsmentalität der Deutschen geht mir etwas zu weit, denn sie wird im Wesentlichen durch Ängste hervorgerufen, die insbesondere der Versicherungsbranche dienen, die an individueller Freiheit und Eigenverantwortlichkeit ihrer Kunden natürlich nicht interessiert ist. Ich für meinen Teil habe beschlossen, nicht auf eine Vollversorgung zu setzen und meine Arbeitskraft in dem Maße abzusichern, dass ich mit den Versicherungssummen meine Fixkosten decken kann und noch genug für ein gutes Leben übrig habe. Ich halte es auch nicht für nötig, mich bis zum gesetzlichen Renteneintritt mit 67 zu versichern, sondern halte das 65ste Lebensjahr für ausreichend, da ich mit 65 bereits Rente/Pension beziehen kann, natürlich mit Abschlägen. Das muss eben jeder für sich selbst entscheiden, aber mir persönlich ist eine vollständige Absicherung meiner Arbeitskraft zu teuer und ich gehe dieses Restrisiko ein.

Ich schlage also vor, dass sich Angestellte mit 2000 Euro im Monat und Beamte auf Lebenszeit mit 1500 Euro im Monat bis zum 65sten Lebensjahr versichern. Sowohl der Beamte als auch der Angestellte finden hier bei den genannten Bedingungen Angebote zwischen 70 und 100 Euro im Monat. Wer eine sehr gute Nachversicherungsgarantie miteinschließen will und auf die Leistungsdynamik in der Auszahlphase Wert legt, was ich beides empfehle, der liegt eher bei 100 als bei 70 Euro monatlich. Das ist nach der Krankenversicherung die mit Abstand teuerste Versicherung, die man abschließen kann, aber sie ist eben auch ein Muss und ich würde nicht empfehlen, unterhalb der von mir angeratenen Summen und Leistungen einen Vertrag abzuschließen. Daher sind **100 Euro** auch der Wert, den wir für unsere Berechnungen ansetzen werden.

4.2.4   Dienstrechtsschutzversicherung

Egal, ob es um eine Kündigung geht, eine Arbeitsvertragsverletzung seitens des Arbeitgebers, die Durchsetzung von Ansprüchen gegenüber dem Dienstherrn bzw. Arbeitgeber nach einem Arbeitsunfall, die Durchsetzung eines Behindertengrades oder die Anfechtung eines Eintrags in die Personalakte. Es gibt zahlreiche Fälle, in denen Du einen Rechtsbeistand brauchst. Das Beschreiten des Rechtsweges ist bekanntlich eine teure Angelegenheit und erfordert einen langen Atem. Das Problem dabei ist, dass viele davor zurückschrecken, ihre Rechte einzufordern, da sie die Kosten scheuen – obwohl sie im Recht sind und ein Prozess Erfolgsaussichten hätte. Durch eine Rechtsschutzversicherung senkst Du die Hürde enorm und wirst eher bereit sein, Dein Recht auch durchzusetzen. Alternativ könntest Du natürlich gezielt Geld beiseitelegen, um im Falle des Falles einen Prozess führen zu können. Es ist aber sehr fraglich, ob Du dieses Geld nicht doch irgendwann anrühren wirst, sei es für das neue Auto, den Urlaub oder was auch immer. Zudem ist die psychologische Hürde weiterhin vorhanden, selbst wenn Du das Geld für eine Klage haben solltest. Bist Du wirklich bereit, zwanzig- oder dreißigtausend Euro für einen Prozess zu investieren, selbst wenn Du große Aussicht auf Erfolg hast? Es bleibt ja ein Restrisiko und das wirkt in Deinem Hirn wie Gift, lähmt

Dich, schürt Zweifel und Verlustängste. Daher rate ich zu einer solchen Versicherung, auch wenn ich sie nicht für zwingend nötig halte. Solltest Du Mitglied in einem Berufsverband werden, ist neben der oben besprochenen Diensthaftpflichtversicherung auch eine Dienstrechtsschutzversicherung inkludiert. Dies ist übrigens bei allen Verbänden gleichermaßen der Fall. Zu den Kosten komme ich im nächsten Kapitel.

4.2.5 Privatrechtsschutzversicherung

Möchtest Du neben den beruflichen Risiken noch private Risiken absichern, so geht das mit einer Privatrechtsschutzversicherung. Ob Miete (Mieter und Vermieter), Verkehr, Versicherungen, Geldanlagen, Straftaten oder was auch immer. Wer das Haus verlässt, ist ein potenzieller Täter oder ein potenzielles Opfer und selbst wer zu Hause bleibt und nur seine Meinung bei Facebook postet, kann sich strafbar machen. Aus „Versehen" mal ein urheberrechtlich geschütztes Bild gepostet, und schon ist man Täter. Angela Merkel beleidigt? Staatsfeind Nr. 1! Einen AfDler in der Nachbarschaft? Beihilfe zur Volksverhetzung (falls es das gibt)! Den Klimawandel geleugnet oder die Eurorettung kritisiert? Nationalist, Nazi, Ewiggestriger! Erdogan zum Trauzeugen oder Taufpaten gemacht? Oh, Verzeihung, das ist o. k. und ein Ausdruck religiöser Toleranz und Weltoffenheit! Die Özil-Erdogan-Episode erinnert mich immer an das bekannte Interview mit dem alten Fräulein Wagner, das „ihren Freund Adolf" auch heute noch zum Tee hereinbitten würde. Warum auch nicht? Der Mann hat ja immerhin die Mietpreisbremse erfunden, die jetzt von den Sozialisten in Berlin neu entdeckt wurde. Sozialist bleibt eben Sozialist, ob national oder international ist eigentlich wurscht, denn mit Freiheit haben beide nichts am

Hut. Brauche ich wegen dieses Satzes womöglich schon eine Rechtsschutzversicherung? Nun, ich habe eine.

Egal, weshalb Du ins Visier des Staates, eines Unternehmens, eines Abmahnanwalts, Deiner Frau oder Deines Mannes gerätst oder vielleicht Deinerseits zum Schlag ausholen willst – mit einer Rechtsschutzversicherung kannst Du die Kosten abfedern. Beachte aber dabei, dass eine Versicherung nur zahlt, wenn Aussicht auf Erfolg besteht. Deinen persönlichen Rachefeldzug wird die Versicherung womöglich nicht finanzieren. Letztendlich musst Du selbst entscheiden, für wie „rechtsriskant" Du Dein Leben einschätzt und wie oft Du dich potenziell kritischen Situationen aussetzt. Ich habe aus mehreren Gründen eine solche Versicherung abgeschlossen, halte sie aber nicht für zwingend notwendig. Ich sehe für mich einen Bedarf im Bereich Verkehr (ich bin Pendler und wer viel fährt, setzt sich auch Risiken aus) und möchte darüber hinaus im Zweifelsfall gegenüber anderen Versicherungen mein Recht durchsetzen können, falls diese die Leistung verweigern. Besonders gegenüber der Berufsunfähigkeitsversicherung und der Krankenversicherung möchte ich etwas in der Hand haben und mich zumindest wehren können. Was nutzt es mir, wenn ich gravierende Lebensrisiken absichere und im Schadensfall die Leistungen verweigert oder hinausgezögert werden?

Ich empfehle daher, falls Du dich für eine Rechtsschutzversicherung entscheidest, diese nicht beim selben Anbieter abzuschließen wie Deine anderen Versicherungen, damit beim Versicherer kein Interessenskonflikt entsteht. Wer will sich schon gern selbst verklagen?

Eine gute Versicherung kostet Dich im Jahr etwa 200–250 Euro, ich rechne in Folge der Einfachheit halber mit **20 Euro** monatlich. Im Übrigen ist in diesem Betrag eine Dienst- oder Berufsrechtsschutzversicherung ebenfalls inkludiert.

4.2.6 Hausratversicherung

Die langweiligste Versicherung von allen, falls man Versicherungen überhaupt so etwas wie einen Thrillfaktor attestieren kann. Zum Hausrat gehört alles, was runterfällt, wenn man das Haus umdreht, also Möbel, technische Geräte usw. Du versicherst sie gegen Diebstahl, Brand, Wasserschäden und Blitzeinschlag. Nicht zu verwechseln ist die Hausrat- mit der Wohngebäudeversicherung, die eben alles versichert, was nicht runterfällt, wenn man alles umdreht. Die Hausratversicherung ist auf der einen Seite nicht unbedingt notwendig, da das Schadenseintrittsrisiko gering ist, auf der anderen Seite aber auch nicht sehr kostspielig. Ich habe eine Hausratversicherung, da ich mittlerweile dem Ikeamöbelalter entwachsen bin. Die Schadenswahrscheinlichkeit ist also niedrig, die Schadenshöhe wäre bei mir aber recht hoch und zudem kann ich über die Hausrat mein E-Bike recht günstig gegen Diebstahl mitversichern. Auch so etwas wie der Kofferdiebstahl auf Reisen ist witzigerweise in der Hausrat inkludiert, so dass ich mir die 100 Euro im Jahr leiste. Wir rechnen der Einfachheit halber mit **10 Euro** monatlich weiter.

4.2.7 PKW-Vollkaskoversicherung

Oben habe ich die Vollkaskomentalität der Deutschen kritisiert und erzähle Dir nun ständig, dass ich selbst alle möglichen Versicherungen besitze. Stimmt, ich agiere sehr sicherheitsorientiert, bin eben nur nicht der Ansicht, dass diese Sicherheit vom Staat zu garantieren ist. Privat leiste ich mir hingegen alle aus meiner Sicht nötigen Versicherungen und betreibe auch ordentlich Vorsorge, aber immer mit Blick auf mein individuelles Risiko, die Kosten und meinen freien Cashflow. Nun aber zurück zur Vollkaskoversicherung, der Namensspenderin (m/w/d) jener kritisierten Geisteshaltung.

Für PKWs lassen sich drei Arten von Versicherungen abschließen, wobei die erste Variante, die PKW-Haftpflicht, die günstigste Versicherung darstellt. Wie der Name schon sagt, ist diese Versicherung Pflicht und ohne eine solche kann man das Fahrzeug gar nicht erst legal anmelden und fahren. Bei sehr alten Fahrzeugen mit wenig Restwert reicht die Haftpflicht völlig aus, da bei möglichen Schäden am Fahrzeug die Kaskoversicherung nur den Restwert oder den Wiederbeschaffungswert bezahlen würde und dieser so niedrig wäre, dass sich die Versicherungsbeiträge nicht lohnten.

Eine Teilkaskoversicherung deckt Wildschäden, Hagel, Brand und Diebstahl ab. Sie ist die richtige Wahl bei mittelalten Fahrzeugen, die noch einen veritablen Restwert haben. Wer viel durch Waldgebiete fährt, sein Fahrzeug öfter auf der Straße parken muss oder viel in fremden Gefilden unterwegs ist, der sollte über eine Teilkasko nachdenken. Sie liegt preislich erwartungsgemäß zwischen der Haftpflicht und der Vollkasko.

Eine Vollkaskoversicherung macht bei Fahrzeugen mit einem hohen Restwert Sinn, bei allen Leasingfahrzeugen ist sie sogar verpflichtend! Im Unterschied zur Teilkasko deckt die Vollkasko auch Schäden ab, die der Halter des PKW bzw. der Fahrer, sofern er mitversichert ist, selbst verschuldet. Freilich nur im Falle von leichter oder grober Fahrlässigkeit. Wer sturzbesoffen und mit Vorsatz den Nachbarshund umfährt, weil der ihm immer in den Garten kackt, und dabei sein Auto zerbeult, der kriegt natürlich nix!

Eine einfache Regel besagt, dass die Vollkasko in den ersten drei bis fünf Jahren erste Wahl ist. Danach habe das Auto so viel an Wert verloren, dass es sich nicht mehr lohne. Ich sehe das etwas anders, obwohl der Gedanke dahinter völlig korrekt ist. Bei einem hochwertigen PKW lasse ich die Vollkasko in der Regel etwas länger laufen, und zwar so lange, bis ich genug Geld angespart habe, um mir im Schadensfall ein „neues" Auto kaufen zu können. Zudem haben Oberklasse-PKWs beliebter Marken einen höheren Werterhalt und sind auch nach sieben oder acht Jahren noch zehntausende Euro wert.

Bei der Entscheidungsfindung spielen, neben der Bedürfnisprüfung, natürlich auch die konkreten Kosten bzw. Kostenunterschiede der drei Varianten eine Rolle. Diese wiederum sind abhängig von zahlreichen Variablen, wovon fünf besonders wichtig sind: das versicherte Fahrzeug (Modell) selbst, die Schadensfreiheitsklasse des Fahrzeughalters, die Regionalklasse (abhängig vom Landkreis), der Versicherungsumfang und der optionale Schadensfreiheitsrabatt. Abweichend von den anderen Versicherungen macht es hier nahezu keinen Sinn, sich irgendeinen Betrag auszudenken. Ich verweise daher auf das obige Finanzierungsbeispiel für ein Leasingfahrzeug. Dort habe ich bereits **80 Euro** monatlich für eine Vollkasko angesetzt. Damit ist der Betrag bereits in unserer Rechnung.

4.2.8   Private Krankenzusatzversicherung (Krankenhaus und Zähne)

Dieses Kapitel ist nur für gesetzlich Versicherte interessant, also für angestellte Lehrer des Staates oder von Privatschulen sowie für Beamte, die in der gesetzlichen Krankenversicherung (GKV) verbleiben wollen oder müssen. Das dürften aber nur sehr wenige sein, da es sich grundsätzlich nicht empfiehlt.

Die *Krankenhauszusatzversicherung* kommt in der Regel für die Kosten eines Ein- oder Zweitbettzimmers sowie für die Chefarztbehandlung auf. Weiterhin darf der Versicherte das Krankenhaus völlig frei wählen. Als weitere Optionen kann man ein Krankentagegeld oder ein Krankenhaustagegeld mitversichern. Auch ambulante Operationen sind in einigen (wenigen) Tarifen inbegriffen. Um es vorwegzunehmen, ich halte diese Versicherungen für reinen Luxus, den man sich gönnen kann, aber nicht muss. Darüber hinaus kann man alle versicherten Leistungen auch als Selbstzahler bei Bedarf dazukaufen (Ausnahme ist der Chefarzt, der ist zu teuer, aber auf den könnte ich auch gut verzichten), vorausgesetzt, man hat etwas Geld zu Seite gelegt.

Von den genannten Versicherungen hatte ich, als ich noch kein Beamter war, ausschließlich eine Zusatzversicherung für das Zweitbettzimmer. Sollte mich mein Zimmernachbar nerven, so buche ich mir durch Zuzahlung ein Einbettzimmer, der Aufschlag ist überschaubar und das Geld ist dann nicht sinnlos in einer Versicherung gebunden, die ich evtl. nie brauche.

Eine *Krankentagegeldversicherung* ist für Beamte unnötig, da diese eine volle Lohnfortzahlung im Krankheitsfall bekommen, ohne zeitliche

Limitierung. Angestellte bekommen nur sechs Wochen den vollen Lohn, ab dann übernimmt die Krankenkasse mit etwa 70 % für maximal 72 Wochen. Ich sehe daher auch für Angestellte keinen Bedarf, solange sie Single sind und keine dauerhaften Verpflichtungen haben (Kinder, Frauen, Immobilienfinanzierung). Denn, wer so krank ist, dass er viele Wochen nicht arbeiten kann, der wird auch seinen Konsum einschränken, spart Spritkosten und kann zur Not ja etwas die Ausgaben reduzieren. Wer extrem lang krank ist und keine Aussicht auf Genesung hat, der wird ohnehin berufsunfähig geschrieben und dann greift die BU, womit eine Krankentagegeldversicherung ebenfalls sinnlos wird.

Eine Ausnahme gilt für <u>voll privatversicherte angestellte</u> Lehrer, die wegen eines hohen Gehalts (ab etwa 60.000 Jahresbrutto möglich) aus der GKV ausgetreten sind. Diese bekommen nach den ersten sechs Wochen Lohnfortzahlung gar kein Geld mehr und müssen zwingend eine Krankentagegeldversicherung abschließen, um nicht völlig mittellos zu sein. 100 Euro pro Tag sind ein guter Richtwert.

Eine *Krankenhaustagegeldversicherung* halte ich für noch nutzloser als die *Tagegeldversicherung*, egal ob für Beamte oder für Angestellte. Der Lohn fließt doch ohnehin mindestens 6 Wochen voll weiter, und wenn man überhaupt ins Krankenhaus muss, dann doch eher zu Beginn einer Krankheitsphase. Sollte man später ins Krankenaus müssen, so sinken ja auch die Konsumausgaben enorm. Zudem sind Krankenhausaufenthalte in Deutschland extrem kurzgehalten und dauern meist nur wenige Tage. Wer hingegen völlig komatös ist, der braucht auch wenig Geld und ist darüber hinaus in aller Regel nicht krank, sondern berufsunfähig, womit dann die BU-Versicherung greifen würde.

Lege daher Dein Geld besser beiseite, gönne Dir bei Bedarf das Zweitbettzimmer, aber lasse den Rest links liegen.

Die *Zahnzusatzversicherung* deckt zahlreiche Kosten für kieferchirurgi-
sche Maßnahmen, Zahnersatz, Implantate usw. ab, die von der gesetzlichen Kasse nicht übernommen werden. Im Zahnbereich sind die Leistungen der GKV wirklich erbärmlich und die Kosten für potenzielle
Behandlungen zudem sehr hoch. Das Risiko halte ich ebenfalls für
recht hoch, gerade mit zunehmendem Alter. Ich kenne privat einige
Leute, die schwindelerregend hohe Zahnarztkosten von mehreren
zehntausend Euro zu zahlen hatten. Ich kann, auch wenn es nervt, ein
oder zwei Wochen neben einem stinkenden Zimmernachbarn im
Krankenhaus liegen, aber ich will nicht mit 50 Jahren mit schlechten
Zähnen oder Lücken durch die Welt gehen müssen, schief sind sie ohnehin schon. Das ist eine Frage der Lebensqualität und auch der Eitel-
keit. Ich persönlich leiste mir für knapp **25 Euro im Monat** eine gute
Zahnzusatzversicherung, die 90 % der Kosten übernimmt und die mir
dazu die jährliche Zahnreinigung bezahlt. Letzteres ist sicher keine
echte finanzielle Belastung, aber mit einer Versicherung ist die Hürde
sehr niedrig – man geht regelmäßig zum Zahnarzt und alles ist gut.

4.2.9　Private Krankenversicherung (Beihilfetarif)

Ich habe bereits in den ersten Kapiteln dieses Buches dazu ein paar
Worte verloren. Die Kosten eines Beihilfetarifs bemessen sich im Wesentlichen anhand von drei Kriterien: Gesundheitszustand, Eintrittsal-
ter und Leistungsumfang, wobei die ersten beiden oft miteinander in
Zusammenhang stehen. Früher war das Geschlecht noch relevant
(Frauen haben mehr bezahlt), aber das ist heute verboten, so dass nur
noch sogenannte Unisex-Tarife neu angeboten werden.

Aus diesen drei Faktoren ergibt sich der Monatsbeitrag und es dürfte klar sein, dass junge und gesunde Personen recht günstig wegkommen, wohingegen ältere Beamte, die erst spät verbeamtet wurden und schon einige Vorerkrankungen mitbringen, ganz ordentlich zur Kasse gebeten werden. Was die Frage nach dem Leistungsumfang betrifft, vertrete ich hier ganz klar die Position, dass es bei einer Krankenversicherung nicht darum gehen darf, möglichst günstig wegzukommen. Zentral ist vielmehr, dass der Versicherer schnell und umfassend leistet, und zwar nicht nur bei den täglichen Kleinigkeiten, sondern gerade bei den großen und sehr kostspieligen Krankheiten, die vor allem im Alter auf einen zukommen können.

Bezüglich der Wahl eines geeigneten Versicherers empfehle ich die Konsultation eines unabhängigen Versicherungsmaklers, der wirklich alle Versicherer im Portfolio hat. Wenn Du ganz sicher gehen willst, dann lass Dich auf Honorarbasis beraten. So kannst Du sicher sein, dass der Makler Dir nicht d i e Versicherung empfiehlt, von der er die größte Provision erhält. Das kostet zwar womöglich ein paar hundert Euro, aber es geht hier um eine wahrscheinlich lebenslange Vertragsbindung. Das sollte es Dir wert sein. Was Du auf keinen Fall tun solltest, ist ein vorzeitiger Vertragsabschluss bei einem Versicherungsvertreter. Einige Versicherer schicken schon ihre Truppen an die Studienseminare, um dort angeblich „Beratungen" durchzuführen. Schließe hier keinen Vertrag ab, nur weil es alle machen oder weil Du von dem Versicherer schon viel Gutes gehört hast. Lass Dich individuell und unabhängig beraten, Punkt!

Was die konkreten Kosten betrifft, so lassen sich diese nicht eindeutig beziffern, aber recht gut eingrenzen. Lehrer haben eine lange Ausbildung hinter sich und sind selten unter 25, wenn sie zu Beginn des Referendariats in die PKV wechseln. Ich selbst war 27, damals gab es ja noch standardmäßig G9 und die Wehrpflicht. So richtig günstig wird es also nicht und die günstigen Beiträge, wie sie etwa die klassischen Verwaltungsbeamten haben, die mit 16 oder 17 ihre Beamtenausbildung begonnen haben, kannst Du als Lehrer nicht erwarten. Wenn Du zwischen 25 und 35 Beamter wirst, dann rechne grob mit Kosten von 250 bis 350 Euro im Monat, sofern Du bei Vertragsschluss noch keine relevanten Vorerkrankungen hast. In diesem Beitrag sind dann die Mehrkosten für das Zweibettzimmer und den Chefarzt bereits enthalten. Ich setze für unsere Rechnung einen Betrag von **300 Euro** an, da dieser einen ganz guten Durchschnittswert bildet und auch recht exakt meinem eigenen PKV-Beitrag entspricht.

Noch ein kleiner Tipp am Ende: Du kannst bereits als Student zusätzlich zu Deinem recht günstigen GKV-Studententarif einen sogenannten Optionstarif in der PKV abschließen. Dieser kostet nicht die Welt und ermöglicht es Dir, später ohne weitere Gesundheitsprüfung in die PKV zu wechseln, ohne dass Du Kostenaufschläge befürchten musst. Wenn Du also mit 20 als gesunder Mensch einen solchen Tarif abschließt und Deine Beiträge bezahlst, dann mit 26 Krebs bekommst, kannst Du dennoch mit 27 ohne den geringsten Kostenaufschlag in die PKV, natürlich nur beim selben Versicherer, wechseln. Die Versicherung darf Dich nicht ablehnen. Entscheide selbst, ob es Dir die 10–20 Euro monatlich wert sind. Auf Deine gesamte Lebenszeit gerechnet wirst du sehr viel mehr einsparen.

4.2.10 Unfallversicherung

Eine Unfallversicherung (UV) ist definitiv kein Ersatz für eine Berufsunfähigkeitsversicherung! Da nur etwa 10 % aller Berufsunfähigen unfallbedingt berufsunfähig werden wird auch klar, warum die UV wesentlich günstiger ist als eine BU. Sie kostet in etwa ein Zehntel. Die UV leistet, wie der Name schon sagt, ausschließlich im Falle einer unfallbedingten Invalidität. Sie leistet aber nicht nur im Falle einer Vollinvalidität oder einer unfallbedingten Berufsunfähigkeit, sondern ihre Leistungen ergeben sich aus der sogenannten Gliedertaxe. Hier wird genau festgelegt, welche Summe beispielsweise im Falle eines Verlustes der Sehkraft, der Amputation eines Armes oder Beines usw. gezahlt wird, und zwar nicht als Rente, sondern als Einmalzahlung. Eine UV kann durchaus Sinn machen und auch ich habe eine solche Versicherung als Ergänzung zu meiner BU und möchte kurz erläutern, warum.

Wie Du vielleicht weißt, ist jeder Arbeitnehmer über seinen Arbeitgeber versichert, so dass berufsbedingte Unfallschäden im Grunde ausgeklammert werden müssen. Auch der Weg zur Arbeit ist versichert, ebenso wie Klassenfahrten. Nicht versichert sind hingegen alle Freizeitaktivitäten, also Schwimmen, Bergwandern, Radfahren, Gartenarbeit, Kochen sowie unnötige Umwege auf dem Arbeitsweg. Ich bin Pendler und fahre täglich in Summe etwa 100 Kilometer zur Arbeit, hin und zurück. Oft gehe ich dann noch einkaufen, essen oder fahre kurz ab, um günstig zu tanken. All das fällt nicht mehr unter den gesetzlichen Unfallschutz. Für mich stellt damit die lange Autofahrt mit Umwegen ein Risiko dar, das ich zu versichern bereit bin. Ich sage aber auch, dass ich nicht bereit wäre, eine große Summe dafür zu zahlen, denn das Risiko ist nicht übermäßig hoch. Während im Alter zwischen 50 und 60 Jahren beinahe ein Viertel aller Erwerbstätigen berufsunfähig sind, die Hauptursachen sind Krebs, psychische Erkrankungen und muskuläre Defekte, sind eben nur die besagten 10 % von diesen 25 %, also 2,5 % aller Berufsunfähigen, unfallbedingt berufsunfähig und unter diesen wiederum dürften zahlreiche im Rahmen der beruflichen Tätigkeit berufsunfähig geworden sein. Wir sehen also, dass die private UV kein Muss ist und sich oft nur für Vielfahrer und Personen mit riskanten Hobbys wirklich lohnt, denn für alle anderen ist das statistische Risiko derart gering, dass selbst die 100–150 Euro jährlich zu viel sind. Wer also eine Unfallversicherung abschließen möchte, der rechne mit ca. **10 Euro im Monat.**

4.3   Vorsorgen

Du fragst Dich sicher, ob Du als Beamter oder Angestellter im ÖD überhaupt eine private Rentenvorsorge betreiben musst. Wie ich oben dargelegt habe, ist sowohl die Pension als auch die Zusatzrente im ÖD recht stattlich und das Geld für eine private Rentenversicherung ließe sich ja auch verkonsumieren oder man legt es einfach ungebunden beiseite. Diese Überlegungen sind nicht von der Hand zu weisen und absolut legitim. Ich möchte Dir daher kein Referat über Sinn und Unsinn der Privatrente halten, sondern einfach aus meiner Sicht erläutern, wie ich die Sache handhabe und warum ich es so mache, wie ich es mache.

Wie bereits mehrfach gesagt, misstraue ich dem Staat – obwohl ich für ihn arbeite – und die deutsche Geschichte, oder auch aktuelle Entwicklungen im Ausland, geben mir recht. Alleine in den letzten hundert Jahren führte Deutschland zwei Weltkriege und verlor sie. Verlust an Land, Menschenleben, Vermögen und Industriekapazität waren die Folgen. Es gab Hyperinflationen, drei Währungsreformen (vier für die DDR-Bürger), die deutsche Teilung und Wiedervereinigung, die Eurokrise und in Zukunft wahrscheinlich die Europäische Schuldenunion. Der Staat war mehrmals völlig pleite und hat sich das Geld bei seinen Bürgern zurückgeholt. Kurzum, ich halte das Vertrauen in den Staat für völlig blauäugig. Es gab nie mehr als eine einzige Generation am Stück, die ihr ganzes Leben im selben Deutschland, mit derselben Währung und ohne Krieg leben durfte. Aber heute halten wird das alles für normal, ewiger Frieden und Demokratie sind für uns das Ende der Geschichte. Für mich nicht. Ich möchte mein Schicksal nicht zu 100 % in die Hände des Staates legen und schon gar nicht alle Eier in einen Korb. Rente, Pension und VBL haben alle denselben Zahlmeister und wenn der ausfällt oder, Gruß nach Griechenland, zahlungsunfähig wird, dann haben wir den Salat. Es steht für mich daher außer Frage, dass ich mir neben meinen staatlichen Rentenbezügen noch ein privates Standbein aufbauen muss. Die Frage lautet nur, wie man das am besten macht.

Grundsätzlich kommen vier Varianten in Frage: die betriebliche Altersvorsorge, die staatlich bezuschusste Riester-Rente, die ungeförderte Privatrente und die Anlage in Wertpapieren.

4.3.1   Betriebliche Altersvorsorge (bAV)

Diese ist ja bereits in Form der Pension bei Beamten oder in Form der VBL bei Angestellten im ÖD inkludiert. Nur Privatschullehrer müssen sich darum kümmern. Ich will es deshalb kurz halten und diesen Kollegen den Rat geben, genau hinzuschauen. Eine betriebliche Altersvorsorge klingt oft besser, als sie ist. Schließe sie nur ab, wenn der Arbeitgeber Dir einen erheblichen Zuschuss gewährt, denn die Zinsen sind niedrig und die Kosten dieser Produkte sind meist sehr hoch, weshalb ohne einen Zuschuss durch den AG meist wenig bis nichts hinten rauskommt. Lass Dich von angeblichen Steuervorteilen nicht locken, denn die holt sich der Staat später teilweise wieder zurück. Der Steuervorteil kann niemals die Abschluss- und Verwaltungskosten eines solchen Vertrags kompensieren. Achte auch darauf, dass Dir vom ersten Tag an sowohl Dein Eigenbeitrag als auch der Arbeitgeberzuschuss zustehen, und nicht erst nach fünf Jahren, wie es oft üblich ist. Ansonsten wirst Du vermutlich im Minus landen, falls Du vorher kündigst, da viele Verträge die ersten Jahre eine negative Rendite „erwirtschaften" (Stichwort: Zillmerung!). Achte auf günstige Verwaltungskosten. Das ist sehr wichtig, denn falls Du den Arbeitgeber wechseln musst, läuft der Vertrag meist einfach weiter, nur eben ohne den Zuschuss des Arbeitgebers. Solltest Du einen Vertrag haben, der nur durch den AG-Zuschuss Rendite erwirtschaftet, stehst Du nach einem Arbeitgeberwechsel mit einem teuren Vertrag alleine da. Du kannst ihn nun weiter besparen, was wenig Sinn macht, oder ihn mit Verlust kündigen; beides nicht optimal. Theoretisch gibt es noch die Option, den Vertrag vom neuen Arbeitgeber weiterführen zu lassen. Dieser muss aber zustimmen, was er bei Lehrern mit extrem hoher Wahrscheinlichkeit nicht tun wird oder nicht tun kann. Privatschulen haben meist ihre eigenen Systeme und werden sich weigern, mitgebrachte Betriebsrentenverträge zu übernehmen. Staatliche Schulen dürfen dies gar nicht, da sie ja über die VBL an ein eigenes Betriebsrentensystem gebunden sind.

4.3.2   Riester-Rente

Die Riester-Rente ist ein staatlich gefördertes Bürokratiemonster, wie es sich nur ein Deutscher ausdenken kann. Der Staat gewährt Zuschüsse zur Rentenvorsorge, sofern die Produkte *zulagenfähig* bzw. *förderfähig* sind. Es gibt dann entweder einen direkten Zuschuss zur Sparrate (sofern man es geschafft hat, alle Formulare richtig auszufüllen) oder eine Steuervergünstigung am Ende des Jahres über die Steuererklärung oder beides. Ich selbst habe drei(!) Riesterverträge, weil ich vor vielen Jahren überhaupt nicht verstanden habe, wie das System funktioniert, aber dennoch irgendetwas für meine Rente machen wollte. Ich bezahle also in drei Verträge jeweils etwa 50 Euro im Monat ein, bezahle drei Mal Verwaltungsgebühr, Abschlussgebühr und Depotkosten – völlig irre! Das Problem ist, dass man aus diesen Verträgen so leicht nicht herauskommt und ich es damals eben nicht besser wusste. Alle Optionen, die man hat, sind mit finanziellen Einbußen verbunden. Um ehrlich zu sein, ich habe mich jetzt damit abgefunden und rede mir die Situation wie folgt schön: 150 Euro im Monat sind nicht die Welt und werden durch die Inflation jährlich weniger gewichtig. Die Verträge sind älteren Datums und noch halbwegs ordentlich verzinst. Es ist „gebundenes" Geld, an das ich auch im Notfall nicht rankomme und das mir daher definitiv im Alter noch zur Verfügung stehen wird. Weiterhin ist diese dauerhafte Sparrate eine Selbstdisziplinierungsmaßnahme, die ich nicht einfach so aussetzten werde. Soviel zur Gehirnwäsche. Neueinsteigende Lehrer sollten es sich gut überlegen, ob sie zu ihren staatlichen Altersbezügen zusätzlich den Staat auch noch in der privaten Rentenvorsorge in Form der staatlichen Zuschüsse involviert haben wollen. Du musst zudem genau prüfen, ob sich der Vertrag in der heutigen Nullzinszeit noch lohnt. Frage unbedingt nach dem „Effektivzins", denn nicht selten ist dieser null oder negativ! Dies liegt an den exorbitanten Verwaltungskosten der Riester-Renten, die nicht selten bei 10 % liegen, im Grunde ein Skandal!

Lass Dich auch nicht von einer „wahrscheinlichen Rente" beeindrucken, sondern achte nur und ausschließlich auf die „Garantierente". Der Rest ist in 30 Jahren womöglich Schall und Rauch. Rechne alles händisch mit dem Taschenrechner nach und schaue, ob Dein Vertrag abzüglich aller Kosten wirklich besser ist als ein unverzinstes Sparbuch. Falls Du Kinder hast, solltest Du allerdings ernsthafter über eine Riester-Rente nachdenken, denn die staatlichen Zulagen sind in diesem Fall beachtlich.

Prüfe genau, wähle weise und verzichte im Zweifelsfall auf ein solches Produkt.

4.3.3   Privatrente

Die Privatrente ist die ungeförderte Variante der Riester-Rente bzw. der betrieblichen Altersvorsorge, im Grunde also ein ganz klassischer Versicherungsvertrag, wie ihn unsere Eltern hunderttausendfach abgeschlossen haben. Ich halte diese Verträge in der Nullzinszeit für relativ sinnlos. Sie sind teuer und schlecht verzinst, daran verdient in der Regel nur der Makler oder die Versicherung. Aus reinen Renditegründen sollte man daher die Finger davonlassen. Es gibt jedoch immer ein Aber! Der Mensch ist nicht selten erbärmlich schwach und undiszipliniert und so neigt er auch dazu, Ersparnisse, die nicht bombenfest irgendwo gebunden sind, im Bedarfsfall aufzuzehren. Eine feste monatliche Rate in eine Privatrente zu bezahlen, kann daher aus psychologischen Gründen absolut sinnvoll sein, selbst wenn man dabei nichts gewinnt. So oder so ist es eine gute Idee, mehrere Eisen im Feuer zu haben. Nicht jede Geldanlage muss eine Turborendite versprechen, manchmal ist Sicherheit auch Trumpf, gerade für sicherheitsorientierte Gemüter.

Ich für meinen Teil würde als Angestellter im ÖD in keine der oberen Varianten investieren. Als solcher hast Du mit der staatlichen Rente und der VBL schon zwei vom Staat abhängige Komponenten in Deiner Altersvorsorge implementiert. Mehr muss nicht sein.

Als Beamter hast Du neben der Pension keine weiteren staatlichen Altersbezüge, so dass Du der Form halber über eine Riester-Rente als zweites Standbein nachdenken kannst. Der Beamte hat hier zudem gegenüber dem freiwillig gesetzlich krankenversicherten angestellten Lehrer einen kleinen Vorteil, denn er muss im Rentenbezugsalter keine

Krankenversicherungsbeiträge auf die Riester-Rente zahlen, da er ja gar nicht gesetzlich versichert ist, sondern privat.

Ich rechne hier im Falle des Beamten mit **160 Euro monatlich**, da bei diesem Eigenbeitrag in eine Riester-Rente die volle staatliche Zulage bzw. die höchste Steuerersparnis fällig wird. Du kannst für Dich aber gern die Rechnung abändern und die kompletten 160 Euro der Variante 4, den Investitionen in Wertpapiere, zuschlagen. Dies ist bei der aktuellen Zinslage meine Empfehlung.

4.3.4 Wertpapiere

Als Lehrer genießt Du ja ohnehin irgendeine Form der Zusatzversorgung; als Beamter die Pension, als Angestellter im ÖD die VBL und als Privatschullehrer meist eine betriebliche Altersvorsorge. Das ist in Summe genug für eine Basisversorgung im Alter. Jetzt muss es also um Rendite gehen! Dieses Buch verspricht Dir ja nicht Wasser und Brot, sondern Wohlstand, mit Glück sogar bescheidenen Reichtum und finanzielle Freiheit. Wertpapiere sind unverzichtbar für eine flexible Finanzplanung, da sie sehr liquide sind und Du im Gegensatz zu Rentenversicherungsprodukten aller Art nicht bis zum gesetzlichen Rentenalter warten musst, um von den Erträgen profitieren zu können.

Aber zunächst müssen wir noch ein Zwischenfazit ziehen und schauen, wie viel Geld unser Musterlehrer monatlich noch übrig hat.

Zwischenrechnung 3a (Beamte): nach Lebenshaltungskosten und Versicherungen

Einkommen = 3342 Euro

- 770 Euro Wohnkosten

- 420 Euro Mobilitätskosten

- 300 Euro Basislebenshaltungskosten

- 65 Euro Kleidung

Rest von **1787 Euro** (nach Lebenshaltungskosten)

- 10 Euro Haftpflicht (Privat und Beruf)

- 100 Euro BU/DU

- 20 Euro Rechtsschutz

- 10 Euro Hausrat

- 300 Euro PKV-Beihilfetarif inkl. Wahlleistungen

- 10 Euro Unfallversicherung

- 160 Euro Riester-Rente

1177 Euro (nach Lebenshaltungskosten und Versicherungen)

Der Beamte in der Erfahrungsstufe 3 mit einem Monatsnetto von 3342 Euro hat also abzüglich aller Fixkosten noch **1177 Euro** übrig. Für den Angestellten sieht die Rechnung etwas anders aus. Bei gleicher Dienstzeit ist dieser bereits in der Stufe 4 angelangt und verdient inkl. Weihnachtsgeld 2796 Euro.

Zwischenrechnung 3b (Angestellte im ÖD): nach Lebenshaltungs-kosten und Versicherungen

Einkommen = 2796 Euro

- 770 Euro Wohnkosten

- 420 Euro Mobilitätskosten

- 300 Euro Basislebenshaltungskosten

- 65 Euro Kleidung

Rest von **1241 Euro** (nach Lebenshaltungskosten)

- 10 Euro Haftpflicht (Privat und Beruf)

- 100 Euro BU/DU

- 20 Euro Rechtsschutz

- 10 Euro Hausrat

- 25 Euro Zahnzusatzversicherung

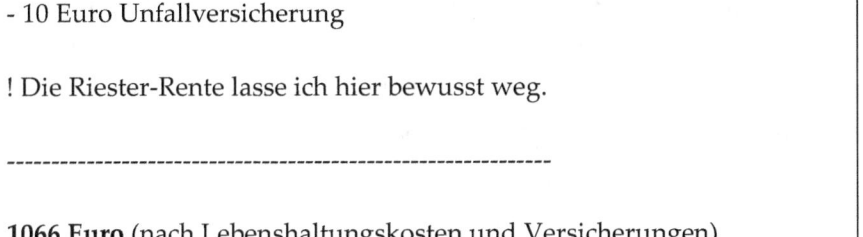

Bei etwa gleicher Berufserfahrung liegt der Beamte in unserem Beispiel also immer noch vorn. Der Angestellte kann und sollte durch den Verzicht auf die Riester-Rente mehr Kapital für renditeträchtigere Anlageklassen frei machen.

Einsparmöglichkeiten haben zudem beide, indem sie bei der individuellen Mobilität etwas kürzer treten oder, und da liegt das größte Sparpotenzial, sich die Wohnung mit einem Freund oder dem Partner teilen. Singles leben immer wesentlich teurer als Paare. Dennoch bin ich davon überzeugt, dass sich selbst mit **1066/1177 Euro** eine Menge anfangen lässt. Aber nicht zu früh freuen, unser Lehrer hat noch keine Playstation, keine Switch, kein E-Bike, war noch nicht im Kino, nicht im Urlaub oder sonst wo. Weiterhin hat er noch keine Rücklagen für unerwartete Ereignisse gebildet! Es liegt also noch etwas Arbeit vor uns.

4.4 Freizeit und Rücklagen

Sei erst mal entspannt. Du bist in der glücklichen Lage, über ein ordentliches Einkommen zu verfügen, Deine Arbeitskraft hast Du nun abgesichert und für Deine Gesundheit ist gesorgt. Du wohnst gut, bist mobil und trägst gute Kleidung. Für Deine Rente hast Du in unserem Beispiel bereits gesorgt, da Du als Beamter über eine Pension plus Riester-

Rente oder alternativ als Angestellter über eine staatliche Rente plus VBL verfügst. Mehr kannst Du erst mal nicht tun und existenzielle Sorgen brauchst Du Dir nun nicht mehr machen. Wir nähern uns also bereits einem Bereich in unserer Finanzplanung, wo es beginnt, Spaß zu machen – wir schnuppern Freiheit!

Die Sparraten für wiederkehrende Anschaffungen sind in den oben errechneten monatlichen Kosten bereits enthalten, so dass Du keine weiteren Fixkosten einplanen musst. Es geht nun also nur noch um die Freizeitgestaltung und das Bilden von unspezifischen Rücklagen für unerwartete Ereignisse oder Notfälle. Und genau hier scheiden sich die Geister, hier ist der Knackpunkt, wo sich zeigt, wer das Leben sofort in vollen Zügen genießen will oder wer später wohlhabend und frei sein wird. Alles geht nicht und jeder mag seine individuellen Präferenzen haben. Ich kenne Kollegen, die geben jedes Jahr Unsummen für Fernreisen aus; und das ist als Lehrer gar nicht schwer, wir haben Hauptsaisonzwang. Die werden es nicht schaffen, es geht einfach nicht. Vielleicht werden sie erben und es dennoch zu Wohlstand bringen, aber niemals aus eigener Kraft. Ich möchte niemandem vorschreiben, wie er zu leben hat, aber wenn Du finanziell frei sein willst, dann wirst Du im Hier und Jetzt etwas Verzicht üben müssen. Ich mache daher einen konkreten Vorschlag, wie das verbleibende Geld auf mehrere Pötte aufgeteilt werden kann. Sollte ein Pott am Ende des Jahres überlaufen, so kannst Du die Überschüsse entweder dort belassen oder alternativ dem Investitionskonto für Deine finanzielle Freiheit gutschreiben.

Bilde zunächst eine Rücklage für unvorhergesehene Ereignisse. Diese Rücklage sollte absolut liquide sein, zur Not auch unverzinst, und etwa drei Nettomonatsgehälter umfassen. Solltest Du schon Geld aus der Vergangenheit gespart haben, so brauchst Du nichts weiter in diesen

Pott einzuzahlen. Falls nicht, so fülle ihn mit Priorität auf und vernachlässige andere Pötte zunächst. Diese Rücklage ist wichtig, damit Du ruhig schlafen kannst. Es wäre sehr dumm, wenn Du wegen einer defekten Waschmaschine direkt einen Bankkredit aufnehmen müsstest.

Die Freizeitgestaltung ist sehr individuell und daher sind die Kosten hier kaum zu normen. Ich persönlich teile mir im Monat **400 Euro Taschengeld** zu. Jeden Montag hebe ich 100 Euro in bar ab. Das gibt mir volle Kontrolle und Übersicht über mein Geld. Dieses Geld ist quasi mein Spaßkonto. Davon gehe ich essen, ins Kino, in die Kneipe oder kaufe mir hin und wieder ein Spiel für meine PS4 oder den PC; auch mein *Netflix*-Abo zählt streng genommen dazu. Der ein oder andere Leser hat vielleicht bisher gedacht, ich würde für einen absoluten Spartotalitarismus plädieren, aber dies ist mitnichten der Fall. 400 Euro monatlich halte ich für ein angemessenes Budget und es gibt einige Monate, in denen bleiben mir davon am Ende noch 200 Euro übrig. Diese lege ich dann für größere Anschaffungen beiseite.

Für **Urlaube** überweise ich monatlich **200 Euro** auf ein separates Konto, in Summe also 2400 Euro jährlich. Das genügt in der Regel für 10 Tage im Sommer und einen kleineren Urlaub im Herbst oder im Frühling. Winterurlauber werden hier mehr zurücklegen müssen und Vielreiser natürlich auch. Jeder, wie er will. Das fehlt dann aber am Ende für Investitionen. Man kann nicht alles haben im Leben.

Meine Ausgaben für Freizeit und Urlaub belaufen sich also, nachdem die Rücklage aufgefüllt ist, auf monatlich **600 Euro**.

Dem Beamten bleiben nun also noch **577 Euro** und dem Angestellten noch **466 Euro** zum Investieren. Das ist im ersten Fall völlig ausreichend, um sich ein sehr ordentliches Vermögen zu erwirtschaften und im zweiten Fall immer noch genug, um einen guten Schnitt zu machen. Die Pendler und Riester-Sparer dürfen übrigens noch mit einer nicht unerheblichen Steuerrückzahlung rechnen, die sich je nach persönlicher Präferenz entweder der Urlaubskasse, der Rücklage, dem Spaßkonto oder dem Investmentkonto zuschlagen lässt. Oder warum nicht einmal die Familie zum Essen einladen, um das emotionale Konto etwas aufzuladen?

Für die möglicherweise etwas frustrierten Angestellten habe ich mir eine kleine Info bis jetzt aufgespart. Ihr könnt Euch freuen, denn wenn Ihr nach vier Jahren in der Stufe 4 endlich in die Stufe 5 aufsteigt, dann steigt Euer Nettogehalt sprungartig von den oben genannten 2796 auf nun 3068 Euro an, ein Plus von 272 Euro. Damit wäre dann der Rückstand zum Beamten fast komplett aufgeholt, denn sein Nettolohn steigt in der gleichen Zeit nur um knapp 120 Euro an. Ein Angestellter ohne Riester-Rente hätte jetzt fast den gleichen Betrag zur Verfügung wie ein Beamter. Angestellte haben viel größere Gehaltssprünge als Beamte und erreichen auch viel schneller die Endstufe mit dem höchsten Gehalt. Dies kompensiert das in Summe immer noch etwas niedrigere Nettogehalt spürbar, wird aber oft einfach totgeschwiegen.

Ich möchte daher in Folge keine Unterscheidung mehr zwischen Beamten und Angestellten machen und gehe davon aus, dass unser Lehrer, nachdem er einige Jahre seine Rücklagen aufgefüllt hat, nun **500 Euro im Monat für Investitionen** frei zur Verfügung hat.

5 PRAXIS II: INVESTIEREN

Willkommen in der Königsdisziplin, dem Investieren!

Falls Du alle in den vorangehenden Kapiteln vorgestellten Schritte getan hast, bist Du bereits jetzt frei von finanziellen Sorgen und Nöten. Nun gilt es, den Weg zur finanziellen Unabhängigkeit zu beschreiten und Wohlstand zu erzeugen. Du wirst diesen Weg selbst gehen müssen, ehe Du ihn verstehen kannst, denn Du musst „Skin in the game" haben – das bedeutet, dass Du selbst „drinstecken" musst, um zu verstehen, wie es sich anfühlt, drinzustecken.

Ich kann Dir an dieser Stelle weder eine umfassende Anlageberatung noch Steuertipps oder spezifische Ratschläge geben. Ich kann Dich auch nicht mit allen möglichen Anlageklassen bekanntmachen, Immobilienfinanzierungen durchrechnen oder Methoden der Unternehmensanalyse und Aktienbewertung erklären. Das ist für ein Einsteigerbuch viel zu komplex und ein Teil dieser Antworten würde Dich, um es mit den Worten von Innenminister a. D. Thomas De Maiziere zu sagen, „nur verunsichern", und das wäre ja unverantwortlich!

Nein, ich will nicht verunsichern, sondern einfache Strategien zum Vermögensaufbau in Form von basalen Gedanken und einigen konkreten Anlagehinweisen geben.

5.1   Grundgedanken

Du musst Dir zunächst im Klaren sein, wozu Du eigentlich investierst, ehe Du entscheidest, in was Du investierst. Es ist ja ein ganz erheblicher Unterschied, ob Du ausschließlich für eine Zusatzrente im Alter anlegst oder ob Du nur für 10 Jahre Dein Geld gut anlegen möchtest, um es danach etwa in eine Immobilie zu investieren. Der Anlagehorizont wäre ein ganz anderer und auch Dein Bedürfnis nach Liquidität. Wünschst Du Dir Kinder, möchtest Du heiraten und benötigst evtl. in einigen Jahren 10k oder gar 15k Euro für eine Hochzeitsfeier? Klar, das hat wenig mit echter finanzieller Freiheit zu tun, aber es hat doch auch keinen Sinn, Dir zu raten, alles in Aktien zu stecken und dann musst Du im tiefsten Crash verkaufen, weil Dein Partner sich eine Traumhochzeit wünscht und Du nichts mehr flüssig hast. Wo wäre denn da die Freiheit, wenn Du Deine Hochzeit vom Aktienkurs abhängig machen würdest? Du wärst ja Sklave der Märkte und das ist explizit nicht die Definition von finanzieller Freiheit. Es geht also immer um ein ausgewogenes Verhältnis von Risiko, Rendite und Liquidität, und zwar ganz nach Deinen individuellen Bedürfnissen. Solltest Du Dir noch gar nicht sicher sein, wo Du im Leben hinmöchtest, dann halte lieber einen etwas höheren Anteil an Cash, selbst beim aktuellen Nullzins. Flexibilität und Liquidität sind nicht pauschal der Feind der finanziellen Freiheit, es geht immer um das richtige Maß, um Dein Maß!

Ich möchte jedoch deutlich sagen, dass, unabhängig von individuellen Plänen und Präferenzen, jedes Investment auf Dauer angelegt sein sollte und dabei gilt der einfache Grundsatz: je länger, desto besser. Alles, was ich hier schreibe, wird nur zu positiven Ergebnissen führen, wenn Du Dir mindestens 15 Jahre Zeit nimmst und kontinuierlich weitermachst. Du wirst Schwankungen an den Märkten aushalten müssen, Du darfst nicht mit der Masse gehen, Du darfst nicht verkaufen, wenn es schlecht läuft und Du musst mit steigendem Einkommen Deine Sparpläne regelmäßig aufstocken, auch in der Krise – oder vielleicht gerade in der Krise. Ja, diese Ratschläge sind sehr pauschal und verein-facht und bei einer komplexen Anlagestrategie womöglich sogar falsch. Bei einer einfachen Anlagestrategie, die auf monatlichen Fonds-sparplänen basiert, hat sich diese Vorgehensweise in der Geschichte jedoch stets als richtig erwiesen und mir konnte bisher niemand plau-sibel erklären, warum sich das zukünftig ändern sollte.

Eine Warnung zum Schluss: Wer schnell reich werden will, der wird eher arm. Investieren ist wie Säen, und die Ernte geht oft erst nach vie-len Jahren auf. Wer aber in der Dürre die Samen ausreißt oder aufhört zu gießen, der wird nie ernten. Geduld und Passivität sind die Erfolgs-garanten. Säen, warten, ernten.

5.2   Anlageformen/Assetklassen

Es gibt zahlreiche Wege, sein Geld anzulegen. Die lukrativsten davon sind Sklaverei und Kriegsanleihen, aber beide wurden von Carola Rackete verboten. Für Deutsche sind letztere erfahrungsgemäß ohnehin keine gute Wahl, da der Deutsche entweder zum Weltkrieg neigt und diesen dann verliert oder seine Armee komplett der Lächerlichkeit preisgibt (siehe Zustand der Bundeswehr). Die Aussicht auf Beutegut ist also derzeit eher gering. An dritter Stelle kommen dann Schiffsfonds, die sind super, besonders dann, wenn man völlig irre ist. Dicht darauf folgen geschlossene Immobilienfonds, das fast sichere Grab für Dein Geld! Auch noch toll waren Lehmann-Zertifikate (bekamen tausende Omis von der heimischen Sparkasse empfohlen), argentinische Staatsanleihen oder „Ostimmobilien", die auf den Prospekten so schön ausgesehen haben. Du siehst, es gibt zahlreiche „Top-Investments", man weiß gar nicht, worauf man zuerst kotzen soll. Nochmal zum Mitschreiben: Hohe Rendite heißt IMMER hohes Risiko!

Aber mal Spaß und Verbitterung beiseite! Versuche nicht schlauer zu sein als der Rest. Es gibt keine Geheimtipps, denn gäbe es diese, so würde der Anlageberater selbst dort investieren und ganz, ganz sicher würde er diesen Tipp nicht DIR, am besten noch „exklusiv", verraten. Das, was Dir angepriesen wird, worüber viel geschrieben wird, das ist der Scheiß, der weg muss, das sind die Ladenhüter, und Du sollst der Depp sein, der das kauft. Sei nicht dieser Depp!

Welche Anlageklassen kommen nun tatsächlich für den Anfänger in Frage und welche sind ungeeignet? Fangen wir hinten an: Immobilien!

5.2.1 Immobilien

Immobilien, nach dem Auto des Deutschen liebstes Kind. Deine Freunde (zumindest die Ü30) und vor allem Deine Eltern und ältere Kollegen werden Dir insbesondere zur Immobilie raten, und der Grund ist plausibel. Niemand der betroffenen Häuslebesitzer weiß, was ihn die eigene Immobilie im Laufe der Zeit gekostet hat, geschweige denn, was sie aktuell wert ist. Das Ding ist eben da und man wohnt darin oder vermietet es. Das reicht den meisten Zeitgenossen als Rechtfertigung, dies als gelungenes Investment anzusehen. Es sei Ihnen gegönnt. Glaube mir, es macht keinen Sinn, sie vom Gegenteil überzeugen zu wollen – und auch das ist klar, denn wer gibt schon gern zu, dass er Geld verbrannt hat? Da macht das eigene Hirn einfach dicht und versucht, diese unschönen Gedanken zu vermeiden. In der Tat sind ja einige Menschen gut mit Immobilien gefahren, aber eben oft nur aus Glück oder wegen gewisser „Tricksereien". Klar kann man einen guten Schnitt machen, wenn man das ganze Haus durch „Nachbarschaftshilfe" hochziehen lässt und auch im Anschluss sämtliche Reparaturen oder Renovierungsarbeiten unentgeltlich vom Onkel Heinz machen lässt. Aber kannst Du das auch? Hast Du überhaupt einen Onkel Heinz oder musst Du doch den teuren Handwerker bezahlen? Andere haben irgendwo im Rhein-Main-Gebiet das Haus von der Oma geerbt, noch 100.000 Mark in die Renovierung gesteckt und haben jetzt ein Haus im Wert von 1 Mio. Euro da stehen. Kann ja sein, aber ist das mit Deiner Situation vergleichbar? Kannst Du es Dir leisten, bei heutigen Immobilienpreisen 400.000 Euro als Kredit aufzunehmen? Nimm mal den Taschenrechner raus und schau, wie lange Du mit Deinem Lehrergehalt abzahlen darfst. Vergiss auch die Kreditzinsen, die Nebenkosten, Steuern und die Renovierungsrücklagen nicht! Das allseits angepriesene Konzept des „mietfreien Wohnens im

Alter" gehört ins Reich der Legenden. Bedenke weiter, dass eine Immobilie ohne Verluste nicht ohne weiteres liquidierbar ist. Du kannst ja im Falle der Finanznot nicht mal schnell ein Zimmer oder nur die Garage verkaufen, um an 10.000 oder 20.000 Euro zu kommen. Bei der Immobilie heißt es stets alles oder nichts. Und wenn Du wegziehen musst oder willst? „Aber dann vermiete doch einfach", werden Deine Eltern sagen. O. k., kann man machen, aber dann musst Du womöglich einen Hausmeister oder Hausverwalter bezahlen. Zudem musst Du den Kredit auch dann bedienen, wenn Du anderswo zur Miete wohnst. Glaube auch nicht, dass eine privat vermietete Immobilie Dich durch die Miete reich machen wird. Dies ist statistisch gesehen nicht der Fall. Der durchschnittliche Netto-Mietzins liegt in Deutschland bei knapp 3 %. Du brauchst nur einen einzigen Leerstand für einen Monat oder einen Mietnomaden zu haben und schon ist Deine gesamte Kalkulation auf Jahre ruiniert! Auch die Bewertung einer Immobilie ist sehr komplex. Im Gegensatz zu Aktien, deren Wert minütlich durch die Börsen völlig transparent ermittelt wird, kennst Du den Wert eines Hauses erst dann, wenn Du es aktiv am Markt anbietest und womöglich gefällt Dir gar nicht, was man Dir dafür zu geben bereit ist. Das, was ein Gutachter ermittelt, hat oft gar nichts mit dem tatsächlichen Marktpreis zu tun. Und bei all diesen Gedanken sind die Risiken einer Mietpreisbremse noch gar nicht mit einkalkuliert.

Falls Du durch Erbschaft an eine Immobilie kommst oder selbst Handwerker bist bzw. viele Handwerker im Freundeskreis hast, dann mag eine Immobilie unter gewissen Umständen rentabel sein. Aber ich rate Dir, selbst dann eine ehrliche Betrachtung Deiner finanziellen Möglichkeiten durchzuführen und einen Fachmann vor der Entscheidung hinzuzuziehen. Überlege auch, ob Du Dich jahrzehntelang an die monatlichen Kosten binden möchtest.

Versteh mich nicht falsch, gerade mit einer Familie bietet eine Immobilie unübertroffene Lebensqualität, und Eigentum gibt auch eine psychologische Sicherheit. Aber hier geht es ja um finanzielle Freiheit und die steht hin und wieder nun mal in Konflikt mit unmittelbarer Bedürfnisbefriedigung. Triff eine Wahl, aber triff sie nicht übereilt und auf der Basis von Vorurteilen und Erwartungen Deines Umfeldes. Denn es ist Dein Leben und es ist Dein Geld, nicht das Deiner Eltern, Nachbarn oder Freunde.

5.2.2   Anleihen

Es gibt Staatsanleihen und Unternehmensanleihen. Beides sind festverzinsliche Schuldverschreibungen, die in aller Regel frei an den Anleihemärkten gehandelt werden können, und zwar zum Tageswert. Staaten und Unternehmen leihen sich Fremdkapital und zahlen dafür einen regelmäßigen Zins an den Inhaber des Papiers, den sogenannten Kupon. Du bist also als Besitzer einer Anleihe Geldgeber/Gläubiger von Staaten oder Unternehmen. Wie immer steht die Höhe des Zinses in Relation zum Ausfallrisiko der Anleihe. Ein gammeliges Unternehmen kurz vor der Pleite wird also seine Anleihen zu einem sehr hohen Zins unters Volk bringen müssen. Sehr solvente Staaten, wie Deutschland, müssen aktuell gar keinen Zins zahlen. Jetzt verstehst Du auch, warum die Politik sich gerade mit der *Schwarzen Null* rühmt. Es liegt schlicht daran, dass sich der Staat zum Nulltarif verschulden kann. Alte Kredite mit höherer Zinslast werden zurückgezahlt und neue Kredite werden zum Nullzins aufgenommen. Mit einer soliden Haushaltspolitik hat das nichts zu tun und es ist auch kein Qualitätsmerkmal für die Arbeit der Bundesregierung. Das könnte jeder Schimpanse genauso gut.

Konkret funktioniert das ganze so: Du erwirbst etwa eine Anleihe mit einer Laufzeit von fünf Jahren, einem Kupon von 2 % und einem Nennwert von 1000 Euro.

Staatsanleihe der Republica Banana

Nennwert: 1000 Euro

Kupon: 2 Prozent

Laufzeitende: 01.01.2024

Du bekommst nun jedes Jahr 2 % von 1000 Euro, also 20 Euro ausgezahlt. Das ganze mal fünf Jahre macht in Summe 100 Euro. Dann gibst Du am Ende der Laufzeit die Anleihe zurück und kassierst, sollte es den Staat noch geben und er noch zahlungsfähig sein, Deine 1000 Euro. Einen Zinseszinseffekt gibt es bei Anleihen nicht und Du musst von Deinen jährlichen 2 % noch die Inflation abziehen, um eine Nettorendite zu ermitteln. Diese liegt aktuell irgendwo zwischen 1–2 %. Das haut einen nicht vom Hocker, gerade weil ja auch noch ein Ausfallrisiko besteht (etwas geringer als bei Aktien). Im Grunde ist es nicht mehr als ein Inflationsschutz und kein Investment. Man kann übrigens Anleihen, ähnlich wie Aktien, auch jederzeit am Markt vor ihrer Fälligkeit kaufen oder verkaufen und damit entweder Kursverluste oder Kursgewinne realisieren.

Wer also einen Teil seines Geldes in Anleihen anlegen möchte, um es zumindest vor der Inflation zu schützen oder kurzfristig zu parken, der kann sich beispielsweise US-amerikanische Staatsanleihen bzw. einen Staatsanleihen-ETF (zu ETFs später mehr) anschauen. Der Kupon liegt aktuell bei knapp 2,25 % und sie sind relativ ausfallsicher. Du hast hier aber ein Wechselkursrisiko zwischen Euro und Dollar. Eine Anlage in deutsche Staatsanleihen ist Unsinn, da gibt's sogar Negativzinsen, es kostet Dich also Geld. Verrückte Zeiten. Südeuropa ist zwar (noch) im Euro, aber hier drohen stets Staatspleiten. Das ist eher eine Spekulation als ein seriöses Investment.

Zahlreiche Experten empfehlen Anleihen aller Art als Teil eines gut ausgewogenen Anlageportfolios und begründen dies mit einer geringeren Schwankungsbreite (Volatilität) der Kurse im Vergleich mit Aktien sowie mit den Aktien angeblich gegenläufigen Kursverläufen, was zu einer geringeren Preisschwankung des Gesamtportfolios führt. Wer also Schwankungen des eigenen Wertpapierdepots von 30–50 % gar nicht ertragen kann, der könnte auf Kosten der Rendite einen Teil seines Geldes auch in Anleihen investieren.

Ich halte bei der aktuellen Zinslage eine Investition in Anleihen, egal welcher Art, dennoch nicht für sinnvoll. Die Ertrag-Risiko-Relation ist schlichtweg schlecht und eine gewisse Volatilität ist mir bei einem Anlagehorizont von 20 bis 30 Jahren egal. Und was habe ich davon, wenn die Anleihen steigen und die Aktien fallen und dies sich immer schön abwechselt? Ich gebe zu, dass ich selbst noch einen mittleren Betrag in Staatsanleihen-ETFs investiert habe – Altlasten, ähnlich wie meine Riester-Verträge. Auch damit habe ich mich arrangiert und betrachte diese Anleihen als eine Art Cashreserve. Sollten die Aktienkurse in Zukunft stärker fallen und meine Anleihen hingegen wertstabiler bleiben, so werde ich die Anleihen verkaufen und von den Erlösen gute und günstige Aktien kaufen.

Insgesamt bin ich kein Freund von Anleihen, da mir die Kurse zu politisch sind und die Entwicklung sehr von den Interventionen der Zentralbanken abhängig ist. Das ist bei Aktien zwar ebenfalls so, aber diese haben zumindest einen realen Sachwert als Basis und keine geldpolitische Fata Morgana. Zudem werden die Unternehmen im Gegensatz zu den Zentralbanken nicht von Verrückten geführt.

Du siehst es schon, ich bin ein Aktienfan!

5.2.3   Derivate

Finger weg! Diese Produkte sind, anders als die Medien es oft darstellen, zwar weder Teufelswerk noch perverse Auswüchse des Kapitalismus. Gerade Optionen und Futures sind in einigen Fällen extrem wichtig für die Funktion der Finanzmärkte sowie auch der Realwirtschaft. Für Neulinge und Menschen mit überschaubarem Budget jedoch ist das alles absolutes Gift. Noch schlimmer ist es, falls Du in solche Dinge investierst und auch noch gewinnst. Dann bist Du völlig verloren, da Du denkst, es sei nicht Glück, sondern Verstand. Du wirst dann weitermachen, bis es irgendwann knallt, finis! Lass die Finger von Sachen, von denen Du nichts verstehst und gib Dein Geld auch niemandem, der es für Dich dort anlegen soll. Freiheit heißt Eigenverantwortung.

5.2.4   Cash: Bares, Tagesgeld, Devisen

„Nur Bares ist Wahres", sagt der Volksmund und er hat recht. Bereits oben habe ich zum Aufbau einer Cashreserve als Notrücklage geraten. Diese unspezifische Rücklage sollte immer wieder aufgefüllt werden, so dass Du immer über einige Monatsgehälter verfügst. Diese Reserve kann entweder auf dem Girokonto, einem Tagesgeldkonto oder auch in Form von Bargeld aufbewahrt werden. Ich empfehle eine angemessene Aufteilung. Ein- oder zweitausend Euro in bar sind immer gut, und sei es nur für den Fall eines Stromausfalls, denn dann ist auch der Bankautomat funktionsunfähig. Weitere tausend Euro auf dem Girokonto sorgen auch für eine gewisse Sicherheit, gerade wenn Du Deine Kreditkarte unvorhergesehen belasten musst und die Kreditkartengesellschaft das Geld vom Girokonto abbucht. Den Rest solltest Du auf einem Tagesgeldkonto lagern, das in „normalen Zeiten" besser verzinst ist als das Girokonto. Einige Experten raten sogar dazu, so viel Cash zu halten, dass Du davon ein halbes Jahr leben kannst. Das halte ich für übertrieben. Als Lehrer bist Du nicht akut von Arbeitslosigkeit bedroht, hast auch im Krankheitsfall eine Lohnfortzahlung und mit oben angeratener BU/DU bist Du auch für den Fall der Berufsunfähigkeit abgesichert. Es gibt also keinen Grund, unnötig viel unverzinstes Bargeld irgendwo rumliegen zu haben. Geld muss arbeiten und sich vermehren und nicht sklerotisch vor sich hinvegetieren!

Wie immer gibt es ein oder zwei fette Aber. Jenseits Deiner Barreserve für Notfälle kann es sich lohnen, zunächst eine größere Geldsumme anzusparen, um später damit eine kostspielige Investition zu tätigen. In diesem Fall ist es auch völlig o. k., kurzfristig oder mittelfristig auf eine Rendite zu verzichten. Hast Du etwa vor, in wenigen Jahren spezielle Aktien oder auch Gold zu kaufen, dann richtet es langfristig keinen Schaden an, wenn Du das Geld auf dem Tagesgeldkonto zwischenlagerst. Bei extrem großen Anschaffungen hingegen ist dieses Vorgehen weniger empfehlenswert, da Du sehr viel Geld für eine sehr lange Zeit unverzinst liegen lässt und Dein Vermögen durch die Inflation jährlich sogar an Kaufkraft verliert. Hier können dann die oben erwähnten Staatsanleihen (Wechselkursrisiko beachten!) ausnahmsweise eine gute Idee sein, da Du zumindest einen gewissen Inflations-schutz genießt.

Der zweite Fall, der den Aufbau einer größeren Cashreserve rechtfer-tigt, ist die konkrete „Crashprävention" oder ein allgemeines Gefühl der Unsicherheit der politischen Lage und/oder der Märkte. Selbst Ex-perten können einen Crash nicht exakt prognostizieren, aber sie lesen die makro- und mikroökonomischen Indikatoren und können Krisen-szenarien erkennen. Ob das Blutbad dann in einem Monat oder in zwei Jahren beginnt, das weiß niemand. Jedoch stellt der frühzeitige und übermäßige Aufbau einer Cashreserve einen Renditeverzicht dar, des-sen Umfang jeder selbst ermessen muss. Nervöse Personen bauen mehr Cash auf, und sei es nur, um besser schlafen zu können. Hartge-sottene bleiben immer voll im Markt. Du musst selbst Deinen Weg fin-den und Dein Gefühl wird Dir schon sagen, mit welchem Maß an Cash Du Dich am wohlsten fühlst. Dem Anfänger würde ich niemals anra-ten, alles Geld in Aktien oder anderes Risikokapital zu stecken, zu-mindest nicht alles gleichzeitig. Du musst aber die Disziplin haben, deine Cashreserve nicht für „Crack und Nutten" auszugeben, sondern sie Dir wirklich aufzusparen, um das Geld dann zum richtigen Zeit-punkt (dazu später mehr) gewinnbringend investieren zu können.

Ein allgemeines Misstrauen in die Marktlage rechtfertigt ebenfalls das Halten von Cash. Du darfst nur nicht dauermisstrauisch sein, denn dann würdest Du das Geld ja nie investieren. Wenn die russischen Bomber schon gestartet sind, ist es aber vielleicht der falsche Zeitpunkt für ein umfassendes Börsenengagement; und nach einem zehnjährigen Börsenaufschwung (Hausse oder Bullenmarkt genannt) muss man nicht alles, was man hat, in die Märkte pumpen, selbst wenn anscheinend noch alles gut läuft. Lieber schön portionsweise investieren und etwas Cash zurückhalten.

Misstraust Du hingegen nicht dem Weltmarkt, sondern nur dem Markt in einem spezifischen Währungsraum, wie etwa dem Euroraum, dann kann es auch Sinn machen, einen Teil Deiner Cashposition in Devisen, sprich in Auslandswährung, zu halten. Sollten dann später der Euro aufgelöst werden oder die Wechselkurse erodieren, dann kannst Du Deine Devisen in die neu geschaffenen Währungen zu stabilen und günstigeren Wechselkursen zurücktauschen. Und falls das nicht geschieht, kannst Du mit Deinen Devisen auch direkt Auslandsaktien in der jeweiligen Heimatwährung kaufen, ohne Wechselkursverluste befürchten zu müssen. Ich halte es allgemein für sinnvoll, einige tausend Euro in Devisen zu halten. Das Verlustrisiko ist gering, sofern Du nicht alle Eier in einen Korb legst. US-Dollar, Kanadischer Dollar, Australischer Dollar, Schweizer Franken und sämtliche Kronen sind relativ stabile und vertrauenswürdige Währungen und dienen Deiner Risikodiversifikation. Devisen können neben Edelmetallen im Falle einer lokalen Wirtschafts- oder umfassenden Staatsschuldenkrise einer Lebensversicherung gleichkommen.

Zusammengefasst kann man sagen, dass eine Cashreserve als reine Sicherheit genutzt werden kann oder aber zu dem bewussten Zweck, zu einem späteren Zeitpunkt eine Investition zu tätigen. Der Investor ist immer gut beraten, beides zu tun. Wenn die Märkte fallen, ist es immer schön, etwas Pulver trocken zu haben, um gute und dann auch günstige Aktien oder Fonds zu kaufen. Wie die Börsenlegende André Kostolany schon sagte, muss man kaufen, wenn das Blut in den Straßen fließt – aber das geht eben nur mit Cash!

5.2.5   Edelmetalle

Es ist einfach eine tolle Erfahrung, mit einigen Tausendern in der Tasche zum lokalen Edelmetallhändler zu fahren und in einem sogenannten Tafelgeschäft echtes Gold oder Silber zu kaufen. Es fühlt sich fast schon subversiv an, ein gutes altes Bargeschäft, von dem der Staat rein gar nichts weiß. Allein wegen dieser anachronistischen Finanztransaktion solltest Du das unbedingt einmal machen, wer weiß, wie lange das noch erlaubt ist. Mit einem *Maple Leaf* oder *Krügerrand* in der Hand fühlt sich der einfache Lehrer für einen kurzen Moment schon am Ziel seiner Reise. Wundervoll, man wird ja noch träumen dürfen.

Edelmetallanlagen sind im Unterschied zu Aktien oder Anleihen keine Form des Investierens im eigentlichen Sinne. Gold und Silber sind nicht produktiv und werfen auch keine Rendite ab. Sie liegen eben rum und steigen oder fallen im Wert, wobei sie langfristig stets gestiegen sind. Edelmetalle genießen ein großes Vertrauen bei den Menschen und eignen sich daher gut zur Krisenvorsorge oder einfach als Aufbewahrungsmittel für Geld. Sie sind eine Art Versicherung. Man kann sie nach einer Währungskrise in eine neue oder andere, harte, Währung umtauschen. Im Falle eines totalen Zusammenbruchs der Volkswirtschaft dienen Gold und Silber zudem als Ersatzwährungen und damit als anerkannte Zahlungsmittel. Wegen ihrer physischen Knappheit sowie ihrer Verwendung als Rohstoffe für die Industrie sind sie viel wertstabiler als von den Zentralbanken herausgegebenes und völlig ungedecktes und aus dem Nichts geschöpftes *Fiatgeld*. In unsicheren Zeiten entwickelt sich der Goldpreis oft sehr gut, während die Aktienmärkte fallen, so auch in der Finanzkrise 2008/2009. Du könntest in solchen Zeiten Dein Gold verkaufen und davon günstige

Aktien erwerben oder aber Dein Gold als Notfallreserve dauerhaft und über Jahrzehnte hinweg behalten. Letzteres würde ich vorziehen.

In allen Fällen solltest Du über den Erwerb von Edelmetallen nachdenken. Falls Du Dich dafür entscheidest, so rate ich immer zu physischem Erwerb und nicht zu börsengehandelten Zertifikaten, denn die sind im Falle einer Bankenkrise womöglich wertlos. Nur in physischem Zustand und wenn sich das Gold oder Silber in Deinem Besitz (oder in einem Bankschließfach) befindet, kann es seiner Aufgabe als Notfallwährung oder Rohstoff gerecht werden und unterliegt zudem keinen Emittentenrisiken.

5.2.6   Aktien, Aktienfonds, ETFs

Ich habe bereits mehrfach durchklingen lassen, dass für mich Aktien in all ihren handelbaren Formen die beste Geldanlage darstellen, und das hat zahlreiche Gründe. Aktien sind Anteile an Unternehmen, und zwar in Form von Eigenkapital. Diese Anteile lassen sich zu Marktpreisen ständig an der Börse handeln, das heißt, dass jedem Käufer auch ein oder mehrere Verkäufer gegenüberstehen, man bekommt davon nur nichts mit, da die beiden Seiten sich nie kennenlernen werden. Es ist ein fast perfekter Markt; Sympathie spielt keine Rolle und man wird auch nicht verarscht.

Aktien sind Sachwerte. Die dahinterstehenden Unternehmen gibt es wirklich und verschwinden auch nicht von heute auf morgen, zumindest nicht alle gleichzeitig. Keine Inflation der Welt kann diese Unternehmen völlig entwerten. Im Gegensatz dazu sind Deine Anleihen mit ihrem festen Nennwert sowie auch Dein Bargeld sehr schnell völlig wertlos. Aktien können zwar auf kurze Sicht extrem im Preis schwanken, aber ihr innerer Wert geht durch diese Preisschwankungen nicht verloren und früher oder später wird der Preis der Aktien sich wieder ihrem echten Wert annähern. Daher halte ich Aktien mittel- bis langfristig (nach Gold) für die sicherste aller Anlageformen. Das weithin propagierte hohe Risiko von Aktien gilt nur für kurzfristige Anlagen und bei Einzelaktien.

Der Aktionär ist nicht nur Gläubiger eines Unternehmens, er ist Mitinhaber und hat damit ein Recht auf einen Anteil am Gewinn. Dieser Gewinn wird dem Aktionär entweder durch Kursteigerungen oder durch regelmäßige Gewinnausschüttungen (Dividenden) zuteil.

Ebenso trägt der Aktionär im Falle einer Pleite das volle Risiko, so wie es sich in einer auf Verantwortung basierten Marktwirtschaft auch gehört. Rendite und Risiko gehören immer zusammen, es darf auch gar nicht anders sein! Aber gerade, weil er dieses Risiko trägt, kann der Anteilseigner langfristig auch eine Rendite erwarten, die über jener der Fremdkapitalgeber liegt. Das ist völlig logisch, denn wäre in einer Marktwirtschaft Fremdkapital höher verzinst als Eigenkapital, so würde jeglicher Anreiz fehlen, unternehmerisch tätig zu werden und es gäbe nicht ein einziges Unternehmen weltweit, keinen einzigen Arbeitsplatz und keinen einzigen Euro Steuereinnahmen und damit keine Gehälter für uns Lehrer.

Eigenkapital schlägt also in Summe und auf lange Sicht immer Fremdkapital, weshalb die Aktie, was die Rendite betrifft, aus der reinen Marktlogik heraus die ertragsreichste Anlageform sein muss. Freilich kann man bei einzelnen Unternehmen auch mal ins Klo greifen, das ist klar. Daher gilt es, ausreichend breit in den Markt zu investieren, um gewisse Risiken zu verringern. Auch der Staat kann einem durch die unsinnigen Besteuerungen von Dividenden die Rendite verhageln und damit ein schädliches Ungleichgewicht aus Risiko und Zins herstellen. Dies wird in der Diskussion nämlich oft unterschlagen. Da wird immer auf die bösen „Geldhaie" verwiesen, die nichts arbeiten und nur von den Zinsen leben. Dabei wird einerseits vergessen, dass diese Geldhaie auch das volle Risiko tragen und dass andererseits nicht nur Geldhaie, sondern auch Du als Kleinanleger davon betroffen bist. Der Staat greift hier nicht nur den Großen in die Tasche, sondern er erwürgt damit die letzte Möglichkeit für den „kleinen Mann", sich eine Rente anzusparen. Durch die Zerstörung der Rentensysteme und die Nullzinspolitik haben der Staat bzw. die Zentralbanken jegliche Sparanstrengungen ad absurdum geführt. Banksparpläne, Kapitallebensversicherungen, Bausparpläne, private Rentenversicherungen – alles Schrott, alles effektiv negativ verzinst. Die Aktie ist fast die einzige seriöse Anlageform, die inflationsbereinigt überhaupt noch Rendite abwirft. Ja, mein antikapitalistischer Freund, das sind die Fakten; und wenn Du gegen die Reichen wetterst, dann bedenke immer, dass für den Staat jeder als „reich" gilt, der mehr als 800 Euro im Jahr an Zinsen kassiert, das sind 67 Euro im Monat. Aber der übermoralisierende Deutsche sägt gern am eigenen Ast. Manchmal würde man einfach gern …

Du siehst folglich, dass an der Aktie aus Renditegesichtspunkten im Grunde gar kein Weg vorbeiführt, da alle anderen vorgestellten Anlageklassen keine oder nur eine sehr geringe effektive Rendite oder sogar eine Negativrendite aufweisen und sich damit kaum zum Vermögensaufbau eignen.

In Aktien kann der Anfänger in drei relevanten Formen investieren: gemanagte Fonds, Indexfonds (ETFs) oder Einzelaktien. Für Profis gibt es noch viel mehr Möglichkeiten, aber die lasse ich hier bewusst weg.

Gemanagte Fonds

Bis vor etwa zehn Jahren stellten die gemanagten Fonds die bevorzugte Form für den Kleinanleger dar. Man investierte in der Regel monatlich einen festen Betrag, sagen wir 100 Euro, in einen Fondssparplan über eine Bank. Davon kassierte dann die Bank erst einmal 5 % Ausgabeaufschlag, so dass von Deinen 100 Euro nur 95 in den Fonds investiert wurden. Weiterhin bezahlte man eine jährliche Depotgebühr, einen festen Betrag unabhängig vom Fondsvermögen und der Höhe des Sparplans. Als dritter Kostenfaktor kam die Verwaltungsgebühr hinzu, irgendwas zwischen 1,5 und 2,5 % des Fondsvermögens, welche nicht die Bank, sondern die Fondsgesellschaft kassiert. Obendrauf kam dann oft noch eine relativ kleine Gebühr für die Finanztransaktion, den Kauf und Verkauf, selbst. Du siehst, dass sowohl die Bank als auch die Fondsgesellschaft kräftig mitverdienten und von der beworbenen Rendite netto oft viel weniger übrigblieb als erwartet. Sind gemanagte Fonds nun per se schlecht? Nein. Ich finde, sie haben weiterhin ihre Berechtigung, sollten aber wegen der hohen Kosten nicht den Schwerpunkt des Anfängerdepots bilden, sondern können in sehr speziellen Fällen in überschaubarer Dosierung beigemischt werden. Absolute Neulinge am Kapitalmarkt sollten sich aber gut überlegen, ob ein gemanagter Fonds für sie Sinn macht, denn im Grunde lassen sich fast alle Szenarien gut mit ETFs abbilden, die viel günstiger zu haben und für den Kunden in ihrer Wertentwicklung auch viel einfacher zu verstehen sind. Ich selbst bespare einen einzigen gemanagten Fonds, der sich in der Vergangenheit durch eine grandiose Performance über einen langen Zeitraum ausgezeichnet hat und dessen Anlagestrategie ich nicht zufriedenstellend über ETFs abbilden konnte.

Anfänger brauchen ein solches Produkt aber definitiv nicht und auch viele Profis würden die Notwendigkeit wohl bezweifeln. Insgesamt sehe ich also keine dringenden Gründe, warum man in gemanagte Fonds investieren sollte.

Indexfonds (ETFs)

Heute sind ETFs (*exchange traded funds*) in aller Munde, und das zu Recht. Ein ETF bildet einen Vergleichsindex nahezu 1:1 ab. Kaufst Du einen DAX-ETF, so entwickelt sich der ETF fast identisch mit dem DAX. Der ETF kauft mehr oder weniger automatisiert und softwaregesteuert die Aktien des Index (in der Praxis ist es vielfältiger und komplexer). Es gibt kein aktives Management. Dein Investment bewegt sich also immer mit dem Markt mit, Du teilst Freud und Leid. Es ist diese Einfachheit, die einen ETF auszeichnet, und weil sich kein Fondsmanager mit Käufen und Verkäufen befassen muss, sind auch die Verwaltungsgebühren unglaublich niedrig und liegen in der Regel unter 0,5 % des Fondsvermögens per annum. Ein Ausgabeaufschlag entfällt komplett, es fällt aber eine kleine Kauf- und Verkaufsgebühr an. Diese sehr angenehme Kostenstruktur führt auch dazu, dass es fast keinem aktiv gemanagten Fonds gelingt, dauerhaft eine höhere Nettorendite zu erwirtschaften als ein breit aufgestellter ETF.

Nun kann man sich auch über ETFs seitenweise auslassen, über Tracking-Errors, Swap-Kontrahenten, Ausschüttung oder Thesaurierung usw. reden. Fakt ist und bleibt aber, dass jedes Investment in einen ETF besser ist als gar keins und fast immer besser als jede andere Anlageform! Bitte suche nicht jahrelang nach dem „optimalen" ETF, denn die Rendite, die Du in der Suchphase verlierst, konterkariert die gesamte Optimierung. Ich möchte Dir kurz aus meiner Sicht sagen, worauf ich achte, ohne alles im Detail zu erklären.

Meines Erachtens sollte die Fondsgröße mindestens 250 Mio. Euro oder Dollar betragen. Dies senkt das Risiko, dass der Fonds irgendwann aufgelöst oder geschlossen wird. Zudem haben große Fonds eine höhere Liquidität, das heißt, dass Du im Falle des Verkaufs auch mit hoher Wahrscheinlichkeit einen Käufer finden wirst. Weiterhin bevorzuge ich bei meinen ETFs thesaurierende gegenüber ausschüttenden Fonds. Ein „Thesaurierer" schüttet keine Dividenden aus, sondern legt Fondsgewinne automatisch in neue Fondsanteile an, so dass Du immer mehr Anteile erwirbst, davon aber gar nichts mitbekommst. Zudem haben Thesaurierer einen leichten Steuervorteil gegenüber Ausschüttern. Drittens bevorzuge ich „physisch replizierende" gegenüber „swap-basierten" ETFs. Diese sind zwar oft minimal teurer, haben aber ein etwas geringeres Risiko. Du kannst und solltest Dich mittelfristig etwas näher mit den von mir genannten Begriffen befassen, aber meine Ansicht dazu ist so klar wie simpel: Kaufst Du zwei oder drei große physisch-replizierende, thesaurierende ETFs auf bekannte Indizes, so machst Du alles richtig. Alles andere ist Feintuning und selbst wenn Du einen nur 100 Mio. großen swap-basierten Ausschütter besparst, ist das immer noch ein richtig gutes Investment, es ist eben meines Erachtens nur weniger „optimal". Du kannst wirklich nicht sehr viel verkehrt machen.

Es bleibt noch die Frage offen, in welche ETFs Du investieren kannst. Nicht wenige Experten empfehlen eine absolut simple Strategie. Sie raten, nur einen einzigen ETF auf den MSCI World-Index in den Sparplan zu nehmen, und wenn Du das so machst, ist das völlig o. k. Der MSCI World bildet den Kursverlauf von etwa 1600 internationalen Unternehmen aus Industrienationen ab und ist halbwegs breit (60 % USA) über alle Industrienationen und über alle Branchen hinweg gestreut. Wer hier investiert, wird, wenn sich historische Entwicklungen auch in der Zukunft wiederholen sollten, über einen Anlagezeitraum von mindestens 15 Jahren eine positive Renditegarantie erwarten dürfen, dies ist wissenschaftlich hinreichend belegt. Das heißt also: Selbst wer bei absoluten Höchstkursen gekauft hat und 15 Jahre später zu absoluten Tiefstkursen verkauft hat, hat in der Vergangenheit immer gewonnen, und zwar völlig egal, welche 15-Jahres-Periode man sich anschaut. Im Schnitt liegt die Brutto-Jahresrendite des MSCI World vor Steuern, Kosten und Wechselkursverzerrungen bei etwa 8 % jährlich, netto sind das für uns Deutsche etwa 5–6 % (Stichwort: Abgeltungssteuer!).

Mir selbst ist der MSCI World als alleiniges Investment zu konservativ. Der Index hat zudem eine recht starke Ausrichtung auf amerikanische Aktien (etwa 60 %) und das ist mir etwas zu viel „Klumpenrisiko", trotz der großen Zahl an guten Unternehmen. Dass der MSCI World in Dollar notiert ist, womit theoretisch ein gewisses Wechselkursrisiko einhergeht, stört mich hingegen wenig. Dies ist alles weit weniger drastisch, als man annehmen mag und gleicht sich über einen längeren Zeitraum meist völlig aus. Beim MSCI World fehlen allerdings die Schwellenländer im Portfolio. Gerade diese Märkte sind aber sehr dynamisch und ich möchte an dem starken Aufschwung, besonders in Asien, in Zukunft teilhaben, auch wenn hier etwas mehr Risiko drinsteckt oder man zumindest mit größeren Kursschwankungen rechnen muss. Das ist eben so, wenn man Rendite möchte, und eine Kursschwankung ist Teil des Spiels! Im MSCI World ist mir darüber hinaus der Technologiesektor nicht stark genug repräsentiert. Ebenso wie in den Schwellenländern sehe ich hier aber große Wachstumspotenziale und an denen will ich ebenfalls partizipieren. Du siehst also, worauf es hinausläuft – nämlich auf drei ETFs: einen auf den MSCI World, einen auf den MSCI Emerging Markets (Schwellenländer) und einen letzten auf den NASDAQ 100 (Technologie). Ich würde sie anteilig allerdings nicht gleich gewichten, sondern 50 % in den MSCI World und jeweils 25 % in den MSCI EM und den NASDAQ.

Wem das für den Anfang etwas zu viel ist, der fährt mit 75 % MSCI World und 25 % MSCI Emerging Markets auch gut, und wer wirklich nur e i n e n Fonds haben möchte, der belässt es eben nur beim MSCI World. Damit machst Du auch nichts falsch.

Ist Dir etwas aufgefallen? Genau, der DAX ist nicht dabei! Warum? Nun, ich halte den DAX für eine absolute Fehlkonstruktion und von den darin notierten Werten würde ich vielleicht fünf oder sechs als Einzelaktien kaufen, den Rest aber nicht mal mit der Beißzange anfassen. Der DAX wird durch Energieversorger, Finanzwerte und Automobilkonzerne dominiert, und jetzt nenne ich Dir einfach einige Stichworte und den Rest kannst Du Dir selbst zusammenreimen: Bankenkrise, Nullzinspolitik, Dieselskandal, Elektromobilität, Atomausstieg, Energiewende, Kohleausstieg.

Ich fürchte leider, dass die Politik gerade die im DAX notierten großen Konzerne durch ihren Umweltfanatismus noch völlig in den Ruin treiben wird. Und weil ich ja schon beruflich und privat abhängig von der Entwicklung der deutschen Wirtschaft und Politik bin, will ich es nicht auch noch bei meiner Geldanlage sein. Eine solche Heimatmarktfokussierung wäre für mich ein zu hohes Klumpenrisiko. Und mit Verlaub, wenn in Berlin über die Enteignungen von Wohnungsbaugesellschaften ernsthaft nachgedacht wird, dann ist das für mich ein Signal, diesem Markt mein Vertrauen und damit auch mein Geld zu entziehen, soweit ich es eben kann. Wer allerdings unbedingt in deutsche Werte investieren möchte und auch Wert auf eine gewisse Euro-Beimischung in seinem Portfolio legt, der nimmt besser den MDAX. Der ist weit sinnvoller zusammengesetzt als der DAX und hier finden sich viele familiengeführte Weltmarktführer und „Hidden Champions", wie etwa der Schmierstoffproduzent *Fuchs Petrolub* und tolle Wachstumswerte wie der Mobilitätsdienstleister *Sixt*. Wer es noch etwas abenteuerlustiger mag, der kann auch darüber nachdenken, dem TecDAX eine Chance zu geben. Ich halte aber insgesamt den US-Technologiemarkt für die klügere Wahl, weil hier aufgrund der besseren Geldgebermentalität (Venture Capital) Innovationen verlässlicher in marktreife Produkte überführt werden als im ängstlichen Deutschland.

Einzelaktien

Ich sage es vorweg: Die Investition in Einzelaktien ist weder zum Erreichen finanzieller Freiheit noch zum Aufbau einer Altersvorsorge nötig, sie kann sogar kontraproduktiv sein, wenn man keine Ahnung vom Thema hat. Wenn Du Dich wirklich für die Börse interessierst, wird Dir aber irgendwann die reine Investition in ETFs nicht mehr genug sein, denn ein Fonds mit 1600 Unternehmen ist eine sehr abstrakte und sterile Geschichte. Ich will hier keine Empfehlung aussprechen, möchte aber gern erklären, wieso der Besitz einiger Einzeltitel auch für Anfänger eine gute Sache sein kann.

Zunächst einmal ist es so, dass es den meisten Laien und auch vielen Experten nicht gelingt, ein Unternehmen richtig zu bewerten und die Aktie zu einem guten Preis zu kaufen. Freilich kann man Glück haben, und wer die letzten Jahre bekannte Einzelaktien gekauft hat, der hat fast immer gewonnen (zumindest bis Mitte 2018). Dies liegt aber eher daran, dass sich die Kurse insgesamt nach oben bewegt haben und die Flut auch den letzten Schrott bis zu einem gewissen Grad mit anhebt. Jetzt sehen sich viele glücksverwöhnte Anfänger schon als Börsenprofis, weil sie die letzten zehn Jahre Geld an der Börse verdient haben. Aber mal ehrlich, wer in dieser Epoche der Kursexplosionen in Summe Geld verloren hat, der muss wirklich alles falsch gemacht haben, was man falsch machen kann.

Hochmut kommt vor dem Fall! Ich kann also nicht dazu raten, mal eben eine Aktie von *Deutsche Bank* oder *VW* oder *BMW* zu kaufen, nur weil man die kennt. Und auch eine von *Amazon* muss nicht weiter steigen. Eine gründliche Analyse sollte jedem Kauf vorangehen und wie man das macht, ist sehr vielschichtig und komplex, so dass ich es hier erst gar nicht anreißen möchte. Dennoch hat der Aktienbesitz seinen Reiz und es ist schon ein besonderes Gefühl, zu wissen, dass man Mitinhaber eines Unternehmens ist. Womöglich hast Du einen speziellen Bezug zu einer Marke oder einem Produkt, bist ein begeisterter Nutzer von *Apple* Gadgets, trinkst im Sommer gern eine eiskalte *Coca-Cola* oder zockst leidenschaftlich gern Spiele von *Take 2* oder *Activision Blizzard*. Oder noch besser, in Deiner eigenen Stadt befindet sich ein börsennotiertes Unternehmen, dessen Geschäftsmodell du halbwegs verstehst und dessen ethische Grundausrichtung Du nicht völlig ablehnst. Dann denke doch einmal darüber nach, Dir eine einzige Aktie zu kaufen. Diese bekommst Du oft schon für unter 100 Euro. Dies wird Dich selbst bei einem Totalverlust nicht umbringen. Der Vorteil ist, dass Du als Aktionär das Recht hast, auf die jährliche Hauptversammlung zu gehen. Hier schnupperst Du eine andere Luft, lernst vielleicht interessante Leute kennen, siehst den Vorstand in Aktion und erfährst sehr viel über das Geschäftsmodell und die gesamte

Branche. Darüber hinaus gibt es was zu Futtern gratis. Gerade für Lehrer, die Politik und Wirtschaft unterrichten, ist das auch eine gute Möglichkeit, den eigenen Horizont zu erweitern, besonders wenn man Antikapitalist ist. Und warum sollte eine Unternehmensbewertung nicht Teil des Mathematikunterrichts sein? Das ist doch mal etwas wirklich Praxistaugliches! Es macht so oder so Sinn, wenn der Lehrer mal etwas anderes sieht als die Welt der Schule. Viele von uns gehen von der Schule an die Uni und von der Uni wieder an die Schule. Sie unterrichten dann Wirtschaft und haben von Tuten und Blasen im Grunde keine Ahnung – so wie Peter Altmaier; nur ist der kein Lehrer, sondern Wirtschaftsminister. Hier sieht man aber, wie fatal Praxisferne sein kann.

Ich sehe das Investment in Einzelaktien für den Anfänger also eher als didaktisches Mittel, um den eigenen Horizont zu erweitern und weniger aus monetärer Sicht. Aber ist Wissen nicht ohnehin das beste Investment?

So, jetzt legen wir endlich los!

5.3   Das erste echte Investment: die Jahre 1–5

Wie sich aus den vorherigen Kapiteln ergibt, erachte ich eine Kombination aus ETF-Sparplan und Cash für den jungen Investor als zielführendste Strategie und ich persönlich würde auch die ersten fünf Jahre nichts anderes tun. Allenfalls zur Erweiterung des eigenen Horizonts kann man gern mal eine Aktie oder eine Feinunze Gold kaufen. Priorität genießt zunächst immer das Schaffen eines Finanzpolsters, sofern dieses noch nicht besteht. Ob man die erste Zeit die gesamten monatlichen Überschüsse in diese Rücklage steckt oder parallel dazu schon mit einem kleinen Sparplan über etwa 100 Euro beginnt, ist reine Geschmacksache. Sollte man wirklich schon zu Beginn der Berufslaufbahn die besagten 500 Euro zur Verfügung haben, weil man evtl. noch bei den Eltern wohnt, dann würde ich immer die Doppellösung bevorzugen, also beispielsweise 400 Euro in die Rücklage und 100 Euro in einen Sparplan, um den Zinseszinseffekt so früh wie möglich arbeiten zu lassen. Ist die Rücklage dann aufgebaut, können die kompletten 500 Euro investiert werden bzw. als für Investitionen vorgesehene Cashreserve (nicht zu verwechseln mit der Notfallrücklage!) genutzt werden. Wie bereits erwähnt, würde ich in jungen Jahren von Anleihen die Finger lassen; das kann später dazu kommen, wenn man unbedingt möchte. Die Rendite von Anleihen ist schlechter als bei Aktien und die geringeren Kursschwankungen sind zunächst völlig egal, da Du ja über einen langen Zeitraum investierst und es zählt nur, was hinten rauskommt! Konkret würde ich meine 500 Euro wie folgt aufteilen:

1.   200 Euro in einen ETF auf den MSCI World
2.   100 Euro in einen ETF auf den MSCI Emerging Markets
3.   100 Euro in einen ETF auf den NASDAQ
4.   100 Euro in eine „Cashreserve"

Wem das zu dollarlastig ist oder wer den Heimatmarkt stärker berücksichtigt sehen will, der kann natürlich, wie ich oben beschrieben habe, noch den MDAX mit reinnehmen und eine andere Position dafür reduzieren oder streichen. Nur auf den MSCI World sollte besser nicht verzichtet werden, denn dieser bildet den Kern des Investmentportfolios. Die „Cashreserve" halte ich für sehr wichtig, denn sie erlaubt dem Anleger in Zeiten niedriger Kurse, jenseits des Sparplans ganze ETF-Pakete günstig nachzukaufen. Damit hat das Portfolio quasi einen Renditeturbo mit eingebaut. Man muss es aber auch durchziehen! Wir wissen nie genau, wann ein Kurstief erreicht ist und können nicht ewig mit dem Nachkaufen warten. Nehmen wir an, Du hast bereits 3000 Euro Cashreserve aufgebaut und dann kracht es an der Börse. Ich persönlich würde, sagen wir bei einem Kursabschlag von 10 %, bereits die ersten 1000 Euro investieren und einen der obigen Fonds im Paket nachkaufen. Geht es dann weiter bergab, verliere ich zwar, aber das lässt sich ohnehin nicht verhindern und wir wissen, dass es irgendwann wieder aufwärts geht, auch wenn es Jahre dauern kann. Ist der Markt dann schon 20 % im Minus und fällt weiter, dann würde ich weitere 1000 Euro investieren und mir die letzten 1000 Euro für die Zeit aufheben, wenn sich die Kurse für eine längere Zeit stabilisieren und wieder leicht nach oben gehen. Wer immer versucht, alles im absoluten Tiefpunkt zu kaufen, der wird zu zögerlich und wartet zu lange und am Ende bekommt er Angst und kauft gar nicht. Mache Dir also einen Plan, wie Du vorgehen wirst, und zwar <u>bevor</u> die Situation eintritt.

Dies ist nur ein Beispiel und muss nicht exakt kopiert werden, aber es zeigt, dass wir nie wissen, wo die Reise hingeht. Als Anleger in Fondssparpläne müssen wir das – im Unterschied zu „Stockpickern" etwa – auch gar nicht wissen. Fällt nämlich eine Einzelaktie, so ist immer

Vorsicht geboten. Denn meist hat das gute Gründe und hier kann man nicht blind nachkaufen, nur weil es billiger wird. Es könnte ja sein, dass das Unternehmen ernsthafte Probleme hat. Aber bei Indexfonds mit 1600 Titeln kann ein Kursverlust schwerlich mit 1600 schlechten Unternehmen begründet werden. Der Markt insgesamt ist eben schwach, aber der erholt sich schon wieder. Daher muss der gute Investor zuschlagen, wenn der Markt unter ein gewisses Maß fällt. Andernfalls wird er langfristig nicht profitieren. Dies tut man am besten in Tranchen. So erwischt man zwar in der Regel nicht den absoluten Tiefpunkt, aber den erwischt man so oder so nicht – oder nur mit Glück. Wichtig ist nur, dass man deutlich unter dem Höchstkurs zukauft.

Ich bin kein Dogmatiker und jede Abwandlung der obigen Strategie ist erlaubt, wenn sie Deinem Charakter eher entspricht. Es kommt auch am Ende nicht darauf an, ob man 8 % oder 8.5 % Rendite erwirtschaftet, und wer mit 400 Euro Sparrate nicht mehr schlafen kann, der nimmt eben doch die weniger riskanten Staatsanleihen mit rein oder baut monatlich 200 Euro Cash auf. Aber untertreibe es auch nicht! Denn wenn Du am Ende gar kein Risiko mehr eingehst, dann wirst Du auch jenseits eines Inflationsausgleichs keine Rendite erwirtschaften. Freilich hast Du dann immer noch Geld für Deine Rente gespart, aber mit finanzieller Freiheit in unserem Sinne wird es dann nichts mehr werden. Wir haben den Begriff ja oben so definiert, dass Du Dir quasi mit Geld Zeit kaufen können musst; sei es, um früher in Rente zu gehen, Stunden zu reduzieren oder was auch immer. Man muss aber auch realistisch sein und erkennen, dass dazu 100.000 Euro auf dem Konto nicht ausreichen, auch wenn das für den Einsteiger zunächst nach viel klingt. Eine solche Summe ist schnell ausgegeben und ist zudem nicht hoch genug, um von den Zinsen leben zu können. Unter

300.000 Euro Vermögen würde ich nicht annähernd von finanzieller Freiheit reden; und um diese zu erwirtschaften, wird eine Sparrate von 200 Euro im Monat nicht ausreichen, denn auch Steuern belasten Deine Rendite. Backe also nicht zu kleine Brötchen und sei zudem diszipliniert!

Wenn Du das erste Jahr zum Aufbau einer Notfallreserve genutzt hast und die folgenden vier Jahre Deine 400 Euro konsequent investiert hast und es noch keinen Crash gab, dann verfügst Du nach Ende des fünften Jahres bereits über 6000 Euro Notfallreserve plus ca. 21.000 Euro Fondsvermögen (bei ca. 5 % jährlicher Verzinsung) plus 4800 Euro „trockenes Pulver". Das ist zwar kein Reichtum, aber ich finde, dass man mit diesem kleinen Vermögen doch recht ruhig schlafen dürfte – und es ist eine Motivation, um weiterzumachen.

5.4   Optimierung und Feintuning: die Jahre 5–20

Dein Vermögen hat nun eine solide Basis. Die nächsten Jahre dienen nun der Ausschärfung Deines Portfolios und richten sich sehr stark nach Deinem Kenntnisstand. Auch wenn ich es selbst anders mache, rate ich Dir auch in dieser zweiten Phase nicht zu Einzelaktien, da es eine erhebliche Einarbeitung in die Thematik erfordert, um hier erfolgreicher zu sein als beim passiven Investieren in Indexfonds. Aus reinen Renditegesichtspunkten heraus solltest Du bei Deinen ETFs bleiben. Aber auch der Investor ist nicht zwingend ein blutleerer „Geldvermehrer", sondern hat im besten Falle Freude und Interesse am Thema. Für jeden, dem es auch so geht, ist jetzt der richtige Zeitpunkt gekommen, um seinem ETF-Portfolio die ein oder andere Einzelaktie beizumischen. Informiere Dich aber vorher gut und lies dazu Bücher, lese Blogs und höre Podcasts zum Thema. Fange nicht an zu zocken oder wöchentlich zu handeln, sondern kaufe zwei oder drei Unternehmensaktien, deren Geschäftsmodell Du verstehst, deren Aussichten gut sind und deren Preis angemessen (nicht billig!) ist.

Denke nun auch darüber nach, Dir einen kleinen Bestand an physischem Gold oder Silber zuzulegen. Experten raten hier alles Mögliche, von 0 % bis 50 % des Depotwertes. Der absolute Marktoptimist kauft gar kein Gold und der Paranoiker bunkert das Zeug kiloweise im Keller, sofern er das Geld dazu hat. Meine Ansicht dazu ist sinnigerweise irgendwo dazwischen. Da Gold keine Rendite abwirft, würde ich eher klein anfangen und alle paar Jahre mal eine Münze kaufen, die Feinunze liegt gerade bei knapp 1300 Dollar. In Summe peile ich für mein persönliches Portfolio einen Gold- und Silberbestand von zusammen 10 % an (aktuell liege ich bei ca. 5 %), da es mir zunächst darauf ankommt, wertsteigernde Komponenten im Portfolio zu haben, und dazu gehört Gold eben nur sehr bedingt, auch wenn ich davon ausgehe, dass 2019 ein „Goldjahr" werden wird.

Was für Gold gilt, das gilt meines Erachtens auch für Anleihen und Devisen. Erstere sind renditeschwach und suggerieren eine gewisse Sicherheit, die zumindest für Industrieländer mit Top-Ratings auch gegeben ist. Immerhin sind Staatsanleihen nicht unsicherer als das Girokonto oder das Tagesgeld, denn ehe ein Staat pleitegeht, sind seine Banken schon längst am Ende. Je nach persönlicher Risikoaversion kannst Du Dir also einige Staatsanleihen-ETFs ins Portfolio packen. Bei mir sind es etwa 10 % meiner gesamten Anlagesumme, aber ich habe weiter oben schon gesagt, dass sie meinen Renditezielen eher im Wege stehen und ich sie bei guten Kursen verkaufen werde, um davon meinen MSCI World-Bestand aufzustocken. Im nächsten Kapitel verrate ich Dir aber, dass für einige Anleger das achtsame Aufstocken des Anleihebestands gegen Ende dieser Phase auch sinnvoll sein kann.

Devisen sind, wie Gold, eine Sicherheit und diversifizieren das eigene Risiko. Für mich sind Fremdwährungen kein Spekulationsobjekt, das ich ständig kaufe und bei Wechselkursgewinnen wiederverkaufe. Ich möchte einfach neben dem Euro einige Dollar besitzen, falls es mit dem Euro den Bach runtergeht. Meine Zielquote für Devisen liegt bei etwa 5 % meines Gesamtportfolios und da bin ich auch bereits angekommen.

Das Beste kommt zum Schluss: Du kannst das auch fast alles vergessen und es einfach bei Deinem ETF-Sparplan belassen, sofern Du einen Anlagehorizont von mindestens 30 Jahren hast. „Fast" deshalb, weil ich auf etwas physisches Gold nicht verzichten würde.

In dieser zweiten Sparphase ist es wichtig, dass Du Deine Sparrate nicht bei 400 bzw. 500 Euro belässt, sondern regelmäßig einen Inflationsausgleich durchführst und die Rate bei jeder oder jeder zweiten Gehaltserhöhung nach oben anpasst. Machst Du das nicht, hast Du nach 30 Jahren vielleicht 300.000 Euro zusammen, diese werden aber bei einer Inflationsrate von 2 % p. a. ihre Kaufkraft halbiert haben. Du musst also zwingend mitziehen! Wenn Du bei Gehaltserhöhungen ständig Deinen Konsum erhöhst und dabei Deine Investments vernachlässigst, wirst Du es nicht schaffen!

5.5 Endspurt: die Jahre 20–30

Das ist die Lieblingsphase der Bankberater, denn hier verdienen sie bzw. die Bank noch mal richtig Geld am Kunden. Das Zauberwort heißt hier „Umschichten", und wenn Du das falsch verstehst oder falsch machst, dann kannst Du Dir am Ende Deiner Reise noch alles kaputtmachen.

Die Idee dahinter ist dennoch plausibel und der Grundgedanke auch nicht per se falsch. Fakt ist, dass Aktien, egal ob Einzeltitel oder ETFs, eben kurz- und mittelfristigen Preisschwankungen unterliegen und andere Anlageklassen, wie etwa Staatsanleihen, weit weniger schwanken. Wenn Du nun kurz vor dem Renteneintritt stehst und auf Deine Aktiensparpläne als Zusatzrente angewiesen bist, wäre es schlecht, wenn sich der Markt gerade in einer Baisse (Schwächephase) befinden würde. Du wärst gezwungen, Deine Aktienpakete zu einem schlechten Kurs zu verkaufen, da Dir keine Alternative bliebe. Auf den ersten Blick scheint es daher völlig logisch zu sein, einige Jahre vor der Rente Aktien zu verkaufen und von den Verkaufserlösen weniger volatile Anlageformen zu kaufen.

Ich persönlich halte das für eine wenig sinnige Strategie und denke, dass davon vor allem der Broker oder der Bankberater profitiert. Jeder Kauf oder Verkauf von Wertpapieren kostet Dich eine Gebühr, und je mehr Finanztransaktionen Du durchführst, desto höher fällt diese Gebühr aus. Und natürlich schmälert das Deine Rendite. Außerdem werden im Augenblick des Verkaufs Steuern auf die Kursgewinne der letzten Jahrzehnte fällig (ca. 26 %), was Dein Vermögen weiter abschmelzen lässt und damit zukünftige Zinseszinseffekte schmälert. Darüber hinaus dürftest Du als Lehrer weniger als andere auf dieses Geld angewiesen sein, da Du vom Staat vermutlich recht gut versorgt sein wirst (außer es geht alles den Bach runter). Vielleicht kannst Du Deinen Lebensstandard kurzfristig nicht halten, aber arm wirst Du vermutlich nicht. Ich finde zudem, dass dieses „Umschichtungsdenken" nicht mehr zeitgemäß ist, denn Du hast statistisch gesehen auch nach dem Renteneintritt noch viele Jahre zu leben und jedes weitere Jahr lässt Deine Zinseszinsen exponentiell anwachsen. Was ist so schlecht daran, mit 80 noch Millionär zu werden? Hast Du dann nur noch nullverzinste Staatsanleihen in Deinem Portfolio, kannst Du das allerdings komplett vergessen.

Ich kann aber sehr gut verstehen, dass für vorsichtige Anleger Rendite nicht alles ist und Sicherheit eine größere Rolle spielt, gerade wenn man auch im Alter noch hohe Fixkosten zu stemmen hat. Diese Anleger können schon am Ende der zweiten Phase (siehe vorheriges Kapitel) oder zu Beginn der dritten Phase einen Teil der monatlichen Anlagesumme in Staatsanleihen-ETFs investieren. Ich hatte ja gesagt, dass es notwendig ist, die Sparsumme jährlich der Lohnentwicklung und der Inflation anzupassen. Du musst ja nicht zwingend Deine Aktien-ETFs ausbauen, sondern kannst auch einfach die zusätzliche Summe in einen ETF auf internationale Staatsanleihen investieren. So baust Du Stück für Stück einen größer werdenden Bestand an Anleihen auf, ohne diesen erst ganz am Ende durch teure Umschichtungen zusammenkaufen zu müssen. Sind nun beim Renteneintritt die Aktienkurse im Keller, so verkaufst Du einfach die ersten Jahre Deine Staatsanleihen-ETFs und rührst Deine Aktien-ETFs erst dann an, wenn die Kurse wieder gut stehen oder eben umgekehrt. Eine Baisse am Aktienmarkt dauert nicht ewig!

Die womöglich bessere Alternative: ausschüttende Aktien-ETFs

Wie ich oben bereits gesagt habe, halte ich für passive Investoren die Investition in thesaurierende ETFs für die beste Wahl. Hier werden keine Dividenden ausgeschüttet, sondern die Erträge werden direkt und ohne, dass Du davon etwas mitbekommst, wieder in neue Fondsanteile investiert. Man muss sich quasi um gar nichts kümmern und das Vermögen wächst immer weiter an. Das bedeutet aber auch, dass Du im Rentenalter, sofern Du auf Dein Aktienvermögen angewiesen bist, nur durch den Verkauf von Fondsanteilen an Geld kommst. Es findet kein automatischer und regelmäßiger Geldzufluss auf Dein Girokonto statt, wie es etwa bei Rentenversicherungsverträgen der Fall wäre. Während also die Ansparphase sehr entspannt und möglichst ohne ständiges Eingreifen stattfindet, so ist in der Entnahmephase etwas Aktivität erforderlich. Doch dazu gibt es eine Alternative: ausschüttende ETFs.

Diese generieren, sobald sie in Deinem Besitz sind, einen ständigen Zufluss von Barmitteln auf Dein Giro- bzw. Verrechnungskonto. Beträgt die Ausschüttung beispielsweise 2 Euro pro Fondsanteil und Du besitzt 10.000 Fondsanteile, so fließen jedes Jahr 200 Euro auf Dein Konto. Willst Du nun während der Ansparphase die historisch durchschnittliche Rendite von 8 % erwirtschaften, so musst Du diese 200 Euro jedes Mal wieder aktiv in neue Fondsanteile investieren, um vom Zinseszinseffekt profitieren zu können. In der Rentenzeit hat dies allerdings auch Vorteile, denn sofern Du ein beachtliches Vermögen zusammen hast, musst Du evtl. gar keine regelmäßigen Verkäufe Deiner Fonds tätigen, da Dir diese 2 Euro ständig zufließen. Du musst sie jetzt nicht mehr zwingend reinvestieren, sondern kannst sie als Dir ständig zufließende Zusatzrente betrachten. Nehmen wir an, Du hast schließlich 200.000 Fondsanteile im Portfolio, so fließen Dir bei besagten 2 Euro Dividende pro Anteil jährlich 4000 Euro Dividende zu. Das sind monatlich 333 Euro (brutto) und vielleicht genügt Dir das ja schon als kleines Zubrot. Dein Fondsbestand bleibt davon völlig unberührt und diese Dividende ist explizit NICHT an den Kurs der Aktien gekoppelt, sondern errechnet sich pro Fondsanteil. Somit kannst Du mit diesem jährlichen Zufluss auch dann rechnen, wenn sich die Märkte auf Talfahrt befinden. Nur in lange andauernden Wirtschaftskrisen kann es sein, dass die Unternehmen auch ihre Dividenden kürzen. Das dürfen sie zwar, tun es aber nur sehr ungern, da es ihrem Ruf mehr schadet als ein Kursverlust, und zukünftige Investoren, die ja auf die schönen Dividenden stehen, abschreckt.

Wie ich bereits gesagt habe, gibt es keine Dogmen bei der Geldanlage und es gibt auch kaum ein Richtig und Falsch. Absolut gar nichts spricht dagegen, sowohl einen thesaurierenden als auch einen ausschüttenden ETF zu besparen, wenn es Deiner Strategie und Mentalität eher zusagt; z. B. den MSCI World-ETF als Ausschütter und den NASDAQ-ETF als Thesaurierer.

Letztendlich spielt das alles nur eine untergeordnete Rolle und kann ja auch gelegentlich nachjustiert werden. Hauptsache, Du fängst an!

5.6 Praxisleitfaden: Kontenmodell

Wie gehst Du nun konkret vor, was brauchst Du und welche Entscheidungen erleichtern Dir den Einstieg in das Investorenleben?

Zunächst einmal brauchst Du ein ganz normales Girokonto. Das hast Du natürlich schon, denn darauf wird ja Dein monatliches Gehalt gezahlt. Weiterhin benötigst Du zwei weitere Tagesgeldkonten für spezifische Sparvorhaben und Rücklagen, ein zusätzliches Girokonto als Verrechnungskonto sowie natürlich ein Depot für Deine Aktien bzw. ETFs. In Summe also vier Konten und ein Depot. Das klingt zunächst recht umständlich, aber ich werde Dir nun kurz aufzeigen, warum es Sinn macht, welche Funktionen die einzelnen Konten haben, wie diese Konten miteinander in Verbindung stehen und wie die Geldflüsse aussehen. Mit einer klaren Struktur hast Du locker alles im Griff und verlierst nicht, so wie ich in der Vergangenheit, den Überblick über Deine Finanzen.

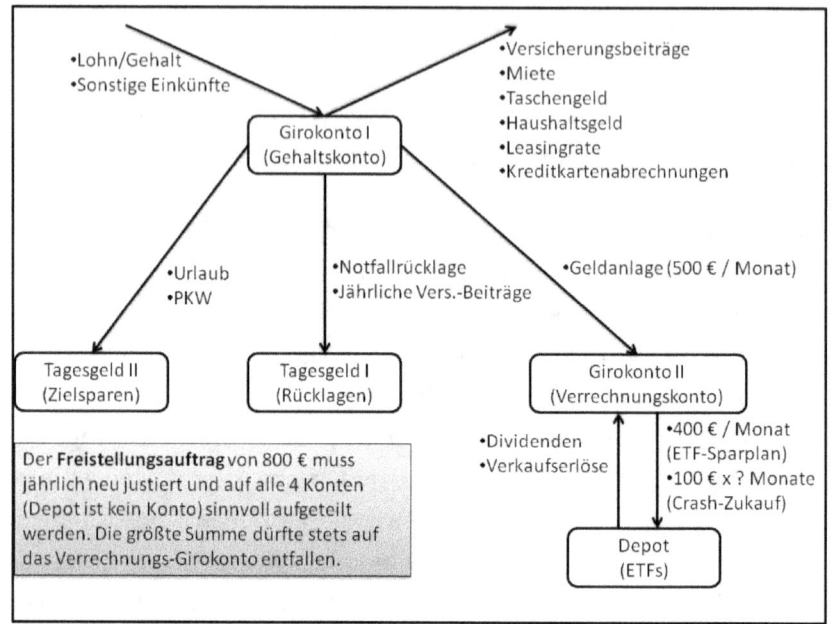

Kontenmodell

Ich möchte obige Grafik nicht im Detail beschreiben, da sie weitgehend für sich spricht. Wichtig sind nur drei Anmerkungen, die nicht sofort ersichtlich sind.

Erstens sollte das *Tagesgeldkonto I* bei derselben Bank eröffnet werden wie das *Girokonto I*. Das hat den großen Vorteil, dass sich Gelder zwischen beiden Konten ohne Wartezeit direkt transferieren lassen (*Kontenübertrag*). Der Übertrag erfolgt sofort und das ist wichtig, da man im Notfall eben nicht immer zwei oder drei Tage Zeit hat, die eine normale Überweisung benötigt. Da auf das *Tagesgeldkonto I* auch monatliche Rücklagen für die halbjährlich oder jährlich anfallenden Versicherungsbeiträge eingezahlt werden, ist es wichtig, dass man schnell das Geld wieder auf dem *Girokonto I* hat, wenn eine Abbuchung ansteht.

Zweitens macht es Sinn, das *Girokonto II* beim selben Broker zu führen wie das *Aktiendepot*. Das *Girokonto II* dient so gleichermaßen als Verrechnungskonto. Von diesem Verrechnungskonto werden die monatlichen Raten für die ETF-Sparpläne abgebucht und ebenso werden Kapitalerträge (z. B. Dividenden) diesem Konto gutgeschrieben.

Drittens musst Du jährlich Deine Freistellungsaufträge sinnvoll auf alle Konten aufteilen. In Summe stehen Dir als Single 801 Euro per annum zur Verfügung. Auf Deutsch heißt das, dass Kapitalerträge aller Art (Zinsen, Dividenden, Vorabpauschalen auf thesaurierende ETFs) bis zu einem Betrag von 801 Euro steuerfrei sind. Normalerweise musst Du also Deine erwarteten Kapitalerträge aller Konten grob prognostizieren und Deinen Banken darauf angepasste Freistellungsaufträge erteilen. In den ersten Jahren wirst Du diesen Freibetrag nicht erreichen, da Du für einen jährlichen Zinsertrag von 801 Euro schon eine beachtliche Summe angespart haben musst. Dazu kommt, dass die aktuelle Nullzinsphase Dir die Arbeit extrem erleichtert, denn mit Ausnahme Deines Verrechnungskontos (*Girokonto II*) wird kein anderes Konto erwähnenswerte Zinsen generieren, so dass Du vermutlich nur einen einzigen Freistellungsauftrag über 801 Euro Deiner Depotbank erteilen musst.

Kurssteigerungen Deiner bereits gekauften Aktien bzw. ETFs stellen übrigens keine „Zuflüsse" im Sinne des Steuerrechts dar, so dass diese nicht direkt versteuert werden. Erst beim Verkauf von Wertpapieren fallen Steuern an, knapp 26 % Abgeltungssteuer auf den Wertzuwachs durch Kursgewinne. Dividenden hingegen werden ab dem 802ten Euro voll versteuert.

Das von mir angeratene Kontenmodell ist schnell angelegt und kann vollständig online beantragt werden. Ich möchte hier keine Werbung für spezielle Anbieter machen und ich bin auch kein Bankberater. Ich kann aber verraten, dass ich mein Lohnkonto und ein damit gekoppeltes Tagesgeldkonto bei meiner Hausbank führe, ein zweites kostenloses Tagesgeldkonto über *Zinspilot* (interessantes Konzept!) und das zweite Girokonto sowie das daran angeschlossene Depot bei der *Comdirect* (in dieser Kombi ebenfalls gratis). Alles war sehr einfach zu beantragen, einzurichten und die Bedienung über die Weboberflächen ist ebenfalls nicht schwierig. In Summe bin ich sehr zufrieden. Und nein, ich bekomme keine Provisionen oder Geld von den genannten Anbietern und es gibt da draußen auch sicher ebenso gute Alternativen.

Den Rest schaffst Du selbst.

5.7 Renditeerwartung

Zu Beginn ein Webtipp. Die ausgezeichnete Seite www.zinsen-berechnen.de stellt zahlreiche Rechner für alle möglichen Finanzfragen zur Verfügung und die in diesem Buch aufgeführten Berechnungen habe ich zum Teil mit diesem Tool durchgeführt.

Wer kurz vor der Depression steht, der sollte mal den Zinseszinsrechner ausprobieren und eine Sparrate von 500 Euro eingeben, die Steuern ausblenden, ebenfalls die Inflation und zudem die von vielen Börsen-Propagandisten angenommene jährliche Rendite von 8 % in den Rechner eingeben. Bei diesen Annahmen wirst Du in 30 Jahren 180.000 Euro einzahlen und letztlich über ein Vermögen von 709.000 Euro verfügen. Da erhellt sich jedes Gemüt! Leider ist das aus vielerlei Gründen Bullshit und noch nicht einmal dem sprichwörtlichen „Milchmädchen" würdig. Der rationale Kapitalist redet sich nichts schön, sondern rechnet nüchtern. Da sowohl die Inflation als auch die Besteuerung von Kapitalerträgen zur harten Anlegerrealität gehören, kommt es völliger Ignoranz gleich, diese Fakten ausblenden zu wollen und finanzielle Schönfärberei zu betreiben. Zudem gibt es auch noch Verwaltungskosten der Fonds usw. Man betrügt sich ja doch nur selbst. Eine realistische Rechnung sieht daher anders aus, nämlich so:

Modellrechnung 1

Sparrate	500 Euro
Jährlicher Kurszuwachs	6 %
Thesaurierte Erträge	2 %
Laufzeit	30 Jahre
Verwaltungsgebühr	0,5 %
Steuersatz	26,375 %

Steuerfreibetrag p. a.   801 Euro

Ergebnis von Modellrechnung 1

Endwert nach Steuern	**520.320,52 Euro**
Eigenbeitrag	180.000 Euro
Gewinn nach Steuern	340.320,52 Euro

Nach dieser Rechnung bist Du in 30 Jahren ein halber Millionär, nicht übel. Jetzt rechnen wir noch die Inflation über 30 Jahre mit ein. Ich rechne hier weder mit den von der EZB angepeilten 2 % p. a. noch mit den historischen 3 % der letzten 50 Jahre, sondern wähle bewusst einen Mittelwert von 2,5 % p. a. Jetzt kommt der große Schock, denn innerhalb von 30 Jahren verliert unser Vermögen fast die Hälfte seiner Kaufkraft. Freilich wirst Du in 30 Jahren immer noch ca. 520k angespart haben, doch Du wirst Dir davon nur noch so viel kaufen können, als hättest Du **248k** gespart. Die Summe bleibt also gleich, aber der Wert sinkt enorm.

Ergebnis von Modellrechnung 1 + Inflation (2,5 %)

Endwert nach Steuern (s. o.)	**520.320,52 Euro**
Eigenbeitrag	180.000 Euro
Gewinn nach Steuern	340.320,52 Euro
Kaufkraft nach 30 Jahren	**248.059,00 Euro**

Fakt ist also, dass Du mit Deinen 500 Euro monatlich auf Dauer nicht hinkommst, wenn Du finanziell frei werden willst. Du musst Deine Sparrate, ich habe es bereits weiter oben gesagt, ständig der Inflation und Deinen Lohnzuwächsen anpassen. Wenn Du das konsequent beherzigst, dann kannst Du den Faktor Inflation aus der Rechnung eliminieren und Deine Kaufkraft bleibt stabil. Aber Vorsicht! Glaube nicht, dass eine jährliche Dynamik von 2,5 % die Inflation ausgleicht, denn bei dieser Annahme ist wieder das Milchmädchen am Werk. Falls Du in 30 Jahren tatsächlich eine halbe Million Euro an Kaufkraft besitzen möchtest (Modellrechnung 1), müsstest Du Deine Sparrate jährlich um 6 % über 30 Jahre anheben. Dann wärst Du in 30 Jahren Euromillionär (falls es den Euro dann noch gibt, was ich nicht glaube) und verfügtest über eine Kaufkraft von 500k nach heutigem Maßstab.

Eine solche Dynamik ist nur möglich, wenn Du Deinen Lebensstandard dauerhaft auf dem Niveau eines 30-jährigen konservierst und sämtliche tariflichen Lohnerhöhungen sowie alle Lohnerhöhungen durch Stufenaufstiege konsequent in Deine Sparrate überführst. Aber mit Verlaub, etwas leben will man ja auch und finanzielle Freiheit heißt ja nicht Selbstkasteiung.

Ich schlage daher eine Kompromisslösung vor, nämlich das Ziel von **300k Kaufkraft zum Renteneintritt** bzw. nach 30 Jahren Spardauer. Warum ich gerade diesen Betrag für erstrebenswert halte? Weil er Dir bis zu Deinem Lebensende eine **Zusatzrente von etwa 1000 Euro** monatlich – nach heutiger Kaufkraft(!) – bescheren wird. Dies stellt, wie ich finde, ein motivierendes und zudem sehr griffiges Ziel Deiner finanziellen Anstrengungen dar.

Um besagte 300k anzusparen, solltest Du Deine monatliche Sparrate jedes Jahr mit 2,5 % dynamisieren, wie folgende Rechnung zeigt.

Modellrechnung 2 (mit Inflation und Dynamik)

Sparrate	500 Euro
Jährlicher Kurszuwachs	6 %
Thesaurierte Erträge	2 %
Laufzeit	30 Jahre
Verwaltungsgebühr	0,5 %
Steuersatz	26,375 %
Steuerfreibetrag p. a.	801 Euro
Inflation p. a.	2,5 %
Dynamik p. a.	2,5 %

Ergebnis von Modellrechnung 2

Endwert nach Steuern	**676.838,49 Euro**
Eigenbeitrag	263.416,22 Euro
Gewinn nach Steuern	413.422,27 Euro
Kaufkraft	**322.677,80 Euro**

Die obigen Beträge sind bereits nach Steuern, also netto! Den „Endwert nach Steuern" können wir ignorieren, da er wegen der Inflation keine realistische Einschätzung unseres zukünftigen Lebensstandards zulässt. Ich lege deshalb 300k zugrunde (abgerundet, da ich immer konservativ rechne), weil dieser Betrag die tatsächliche Kaufkraft nach heutigen Maßstäben widerspiegelt. Diese Summe steht Dir also in 30 Jahren zur Verfügung und Du kannst Dir davon bis zum Tod eine monatliche Zusatzrente auszahlen. Ich nehme der Einfachheit halber an, dass es Dir gelingen wird, das besagte Geld nach Ende der Spardauer bzw. zum Renteneintritt mit 3 % Zinsen dauerhaft anzulegen. Dieser Zinssatz ist aktuell zwar nicht realistisch (außer Du lässt das Geld in Wertpapieren investiert), war es aber in der Vergangenheit und wird es mit einer gewissen Wahrscheinlichkeit auch irgendwann wieder einmal sein, auch wenn das noch recht lange dauern dürfte.

Bei diesen Annahmen könntest Du Dir eine monatliche **Zusatzrente** von immerhin **740 Euro** auszahlen, ohne dass sich Dein Vermögen verringern würde. Alles reine Zinserträge! Du könntest also bei Deinem Tod noch die gesamten 300k Kaufkraft vererben! Nun ist es aber so, dass auch im Rentenbezugsalter die Inflation nicht plötzlich stoppt. Daraus ergibt sich die Notwendigkeit, auch Deine monatliche Auszahlung stetig anzuheben, damit Du über eine konstante Kaufkraft verfügst. Du gewährst Dir quasi eine Lohnerhöhung in der Höhe der Inflation. Bei einer Inflationsrate von 2 % musst Du somit auch Deine Auszahlung um genau diesen Satz dynamisieren, Jahr für Jahr – und das zehrt natürlich Dein Kapital schneller auf, als in der ersten Rechnung angenommen. Wir kommen aber nicht drum rum, da sich die Inflation nicht wegrechnen lässt, auch wenn Du es noch so sehr willst. Bleibe realistisch! Und unter diesen realistischen Annahmen darfst Du Dir monatlich nur noch **246 Euro** auszahlen, wenn Du Dein Kapital vollständig erhalten möchtest, und schon haben wir wieder einen Betrag vor uns, der weit weniger begeistert als die oben errechneten 740 Euro. Alles nur wegen der Inflation. Aber hatte ich Dir nicht 1000 Euro versprochen? Wo sind die nun geblieben?

Um Deine Laune wieder etwas zu heben, unterstelle ich Dir nun eine gehörige Portion Egoismus. Du möchtest Deinen Kindern nichts vererben und planst nun, dass komplette Vermögen für Dein eigenes Leben aufzuzehren, an Kapitalerhalt ist Dir also nicht gelegen, was völlig legitim ist. Deine eigene Lebenserwartung setzt Du optimistisch mit weiteren 30 Jahren nach Renteneintritt an, so lange muss das Geld demnach ausreichen. Unter diesen Annahmen darfst Du Dir nun monatlich satte **970 Euro** (nach heutiger Kaufkraft) auszahlen, indem Du Fondsanteile verkaufst. Ein stolzer Betrag!

Bei so viel Realismus muss auch Raum für kleine Gedankenspiele sein. Sagen wir, Du gehst mit 65 in Rente/Pension, also etwas früher, als vom Gesetzgeber vorgesehen. Sofern Dein Kapitalstock groß genug ist, spricht ja nichts dagegen. Du bist dann hoffentlich noch fit und möchtest die Welt sehen oder Dir nun endlich etwas Luxus gönnen. Warum solltest Du Deine monatliche Auszahlung über 30 Jahre ziehen wollen? Wie realistisch ist es, dass Du nach Deinem 85. Lebensjahr Deine Rente (+VBL) bzw. Deine Pension noch aufstocken musst? Die Zeit der großen Reisen und des Dauerkonsums dürften in diesem Alter wohl vorbei sein und ich gehe davon aus, dass auch Deine monatlichen Fixkosten sehr viel niedriger ausfallen dürften als davor. Somit halte ich es für eine realistische Annahme, die Entnahmen aus Deinem Vermögen nicht über 30 Jahre, sondern nur über 20 Jahre zu planen. Dann ist eben mit 85 Jahren die Kasse leer, aber Du kannst Dir in den 20 Jahren davor monatlich sehr komfortable **1387 Euro** nach heutiger Kaufkraft auszahlen und Dein Leben in vollen Zügen genießen!

Je nach persönlicher Lebenslage und Motivation reichen die angepeilten 300k also für ein kleines Zubrot (bei vollem Kapitalerhalt) oder für ein sehr stattliches Zusatzeinkommen (bei vollständigem Kapitalverzehr).

Eine Erkenntnis dürfte aber hoffentlich geblieben sein, nämlich dass es den schnellen Reichtum nicht gibt und dass der Begriff Reichtum für das, was ein Lehrer mit seinem Gehalt unter normalen Umständen erreichen kann, gar nicht so richtig passt. Wohlstand ja, Sicherheit ganz gewiss, Freiheit zu einem gewissen Maße, aber sicherlich kein Reichtum. Zumindest nicht aus eigener Kraft und nur mit einem einzigen Lehrergehalt. Solltest Du zusätzlich etwas erben oder einen Kollegen (m/w/d bis z) mit gleichem Gehalt heiraten und Ihr Euch gegen Kinder entscheiden, dann sieht es freilich besser aus. Dann können schnell mal 1000 Euro oder auch mehr im Monat gespart werden (man teilt ja viele Kosten, besonders die Miete) und durch den Zinseszinseffekt rückt dann die Million (Kaufkraft!) zur Rente schon in greifbare Nähe.

Am 13. Mai 1940 hielt Sir Winston Churchill seine berühmte „Blut-Schweiß-und-Tränen-Rede" vor dem britischen Unterhaus und versprach dem britischen Volk im Krieg gegen Hitlerdeutschland weiter nichts, als der Titel besagt. Ganz so schlimm ist es aber mit dem Wohlstand nicht. Es erfordert aber dennoch einen stetig steigenden Einsatz, eine eiserne Disziplin und zudem etwas Verzicht, wenn am Ende etwas herauskommen soll. Und wem historische Vorbilder nicht schmecken, der liest eben die Bibel, denn auch der liebe Gott (m/w/d) wirft die Menschen aus dem Paradies, damit sie was schaffen, also unter **Anstrengung** Werte erzeugen und nicht, damit sie alles sinnlos verprassen.

Ich bin jedoch der Ansicht, dass dem Lehrer auch nach diesen Sparanstrengungen noch genug Geld für ein gutes Leben bleibt.

Fragt sich nur, wie lange noch, womit ich zum letzten Kapitel komme.

6 AUSBLICK: VON ALUHÜTEN, MASCHINENSTÜRMERN UND VOM GRÜNEN ADOLF

Wie Du vielleicht schon gemerkt hast, bin ich nicht gerade ein Optimist, was die mittelfristige ökonomische und politische Zukunft unseres Landes und ganz Europas betrifft. Langfristig hingegen glaube ich fest an den Fortschritt der Menschheit, sonst würde ich kaum in Aktien investieren. Ich bin sogar davon überzeugt, dass gerade in den unruhigen Zeiten, mit denen sich Deutschland und die gesamte Eurozone womöglich konfrontiert sehen werden, Aktien, zusammen mit Edelmetallen, die sicherste aller Anlagen sind und dass in möglichen Krisenszenarien große Chancen für langfristig denkende (und nur für diese!) Investoren liegen.

Aber was stimmt mich nun kurz- und mittelfristig pessimistisch? Nein, es ist nicht die geopolitische Lage und auch ganz sicher nicht eine mutmaßliche Klimakatastrophe, es ist nicht Donald Trump und es sind nicht die Chinesen, nicht Syrien, der Iran, Putin oder Kim Jong Un. Die Welt hat schon Schlimmeres gesehen und die mediale Panikmache dient sicher nicht dem Bürger, sondern allenfalls den Medien selbst oder irgendwelchen politischen Akteuren, die daraus Profit schlagen möchten, wie etwa extreme linke und rechte Parteien. Damit sind wir beim Thema: Für mich sind nicht die angeblichen Probleme selbst bedenklich, sondern der unwissenschaftliche und ideologisch bzw. machtpolitisch motivierte Umgang mit diesen. Die daraus resultierenden Folgen für unsere Gesellschaft, die Meinungsfreiheit und vor allem die individuellen und ökonomischen Freiheitsrechte sind fatal.

Es wird fortwährend *geframet, genudget* und diffamiert; unerwünschte Kritik wird zur Verschwörungstheorie herabgewürdigt; Skeptiker der ungezügelten Migration werden als Nazis tituliert und mundtot gemacht; Skeptiker des womöglich menschengemachten Klimawandels nennt man nun „Klimaschädlinge" – eine Nomenklatur, die man ähnlich in totalitären Systemen der deutschen Geschichte finden konnte. Wenn aber nun alle Kritiker des Mainstreams „Schädlinge", „Nazis", „Ewiggestrige" oder was auch immer sind, was ist dann die Folge daraus? Was passiert denn mit Schädlingen naturgemäß und was passiert, wenn sich große gesellschaftliche Gruppen den politisch-medial generierten Weltbildern und Zielen widersetzen? Was geschieht, wenn sich Teile des Volkes den großen ökologischen Plänen nicht verbunden fühlen und wenn der Einzelne seine Arbeitskraft und seinen Wohlstand nicht der Planerfüllung unterordnen will? Wird die individuelle Freiheit dann im ökomarxistischen Zwangsstaat dem „Gemeinwohl" geopfert, wie gerade in Berlin praktiziert? Wird dann der ökonomisch Erfolgreiche enteignet oder extrem hoch besteuert, weil er Erfolg hat, nur um ein sozialistisches Gleichheitsideal nicht zu gefährden? Gilt heute Gleichheit mehr als Freiheit und Leistung? Wird die Prosperität der deutschen Industrie und deren Konkurrenzfähigkeit einer Ideologie geopfert?

Wollt Ihr wirklich den totalen und ewigen Klimakrieg, der in einer Orwellschen Tugenddiktatur als Rechtfertigung für schlichtweg ALLES gilt? Eine Reichstagsbrandverordnung 2.0 des neuen Ökofaschismus? Einen „grünen Adolf"?

Ich denke, all das wirft seine Schatten voraus und es kommt im Schafspelz daher. Welche Farbe dieser Pelz hat oder ob er womöglich gar bunt daherkommt, das mag jeder Leser selbst entscheiden. Ich jedenfalls kann in dieser neuen säkularen Religiosität den kalten Hauch des Totalitarismus spüren, der durch mediales *Framing* und einen hyper-moralisierenden Neusprech versucht, eine alternativlose Kollektivmoral zu etablieren, die Werte der Mittelschicht zu vernichten und eine Klientelpolitik für eine urbane Bohème zu betreiben. Die Kulturrevolution ist in vollem Gange und die ökonomischen, sozialen und politischen Folgen werden verheerend sein, wenn dem nicht Einhalt geboten wird. Meine Hoffnung ist, dass echte Bürgerlich-Liberale diesen Job übernehmen und die öko-sozial-romantischen Maschinenstürmer vom Hof jagen. Das Feld darf nicht den roten und braunen Rattenfängern überlassen werden!

Diese relativ deutschlandspezifischen Probleme werden durch ein viel größeres Problem flankiert, und das trägt viele Namen: Staatsschuldenkrise, Bankenkrise, Eurokrise, Nullzinskrise, Finanzkrise usw.

Die Politik behauptet gern, sie habe die große Krise der Jahre 2008/2009 behoben und sonnt sich im Glanze des Respekts eines verdummten und entmündigten Staatsvolks. Die etablierten Medien blasen meist ins selbe Horn und wissen doch um die eigene Funktion als Instrumente einer perfiden Regierungspropaganda. Aber die Pensionsversprechen des öffentlich-rechtlichen Rundfunks lassen alle internen Kritiken verstummen, die gibt es nur noch auf *YouTube* oder in der *Neuen Zürcher Zeitung* (NZZ).

Fakt ist, dass die Krise mitnichten verhindert wurde. Vielmehr wurde der Patient mit Aufputschmitteln vollgepumpt und gleichzeitig noch an die Herz-Lungen-Maschine angeschlossen. Die EZB überschwemmt die Märkte seit 10 Jahren mit Liquidität und macht das Schuldenmachen so leicht wie noch nie – und das sogar für die unzuverlässigsten

Schuldner, die man sich nur vorstellen kann. Der Zins verliert somit seine marktwirtschaftliche Funktion der Selektion und Kapitalallokation. Die Folge ist der reinste Geldsozialismus.

Gleichzeitig kauft die EZB in Billionenhöhe Anleihen maroder Staaten und verfaulter Banken auf und mutiert gleichsam zur „Bad Bank" mit drastisch steigender Bilanzsumme.

Privatleute, marode Unternehmen und ganze Staaten können sich gerade Geld zum Nulltarif leihen. Auf der anderen Seite führt der Nullzins zu einer Vernichtung von Sparanlagen und macht eine Kapitalbildung für den normalen Bürger nahezu unmöglich, weshalb er zwingend in Risikokapital investieren muss. Sparvermögen werden abgeschmolzen und Werte in Milliardenhöhe vernichtet. Dadurch wird der Bürger sukzessive enteignet, während sich der Staat günstig verschulden oder sogar entschulden kann, indem er alte (hochverzinste) Kredite durch neue (unverzinste) Kredite ablöst. Über diesen Mechanismus fließt Geld sukzessive aus den Taschen des Bürgers in die Taschen des Staates – die größte verdeckte Umverteilung und Enteignung seit dem Zweiten Weltkrieg. Das Volk schweigt. Wir schaffen das. Die Partei, die Partei, die hat immer Recht.

Erstaunlicherweise sehen wir aber, dass die Staaten selbst in einem solchen Umfeld nicht in der Lage sind, eine vorausschauende Haushaltsplanung zu betreiben oder strukturelle Reformen durchzuführen. Die Schuldenstände wachsen weiter oder werden zumindest nicht ausreichend zurückgeführt. Anstatt zu investieren, verkaufen die Parteien den Wohlstand von Jahrzehnten durch sinnlose Sozialversprechen und vernichten darüber hinaus die Grundlagen der deutschen Industrie mit öko-sozial-romantischer Politik. Spätrömische Dekadenz!

Darüber hinaus bedeutet die Nullzinspolitik einen Verfall der Ertrags-kraft der Banken (vgl. *Deutsche Bank* und *Commerzbank*, die nur noch zu einem Bruchteil ihres Buchwertes gehandelt werden), was früher oder später zu negativen Ertragslagen der gesamten Branche führen wird und letztlich die Eigenkapitalbasis der Banken erodieren lassen wird. Sobald dies der Fall ist, werden die Banken nicht mehr in der Lage sein, ihrer Aufgabe als Kreditgeber der Industrie nachzukommen, da mit sinkenden Eigenkapitalquoten auch die Möglichkeit der Kredit-vergabe gesetzlich verhindert wird. Somit würde aus einer Bankenkri-se eine realökonomische Liquiditätskrise mit allen denkbaren Konse-quenzen: Investitionsstau, Firmenpleiten, Arbeitslosigkeit, Staats-schulden. Hinzu käme natürlich noch die Gefahr der Bankenpleiten. Was denkst Du, wird der Staat tun? Wird er die Banken pleite gehen lassen? Oder wird er sie enteignen bzw. unter seine Kontrolle stellen? Abwarten und den letzten Tee trinken.

Der nächste Baustein der kommenden Systemkrise ist die Inflation. Die Geldflut der EZB schwemmt Unmengen ungedecktes Kapital in die Wirtschaft und Mario Draghi hat gerade angekündigt, dass die Geld-politik noch expansiver gestaltet werden wird, sollte es „nötig" sein. „Whatever it takes", so der Totengräber Europas!

Der informierte Pädagoge schlägt morgens die *F.A.Z.* oder die *Süddeut-sche* auf und vernimmt gelassen, dass von Inflation keine Spur sei, sie läge gerade einmal bei 1–2 %. Ist besagter Pädagoge jetzt auch noch PoWi-Lehrer, dann weiß er, dass der Zielrahmen der EZB bei 2 % liegt, womit ja alles in Butter zu sein scheint. Zu diesem Punkt ist etwas Aufklärung nötig: Die von der EZB gemessene Inflation bezieht sich ausschließlich auf Konsumgüter und wird anhand eines standardisier-ten Warenkorbes gemessen, und in der Tat waren es in den letzten Jahren fast ausschließlich die stark schwankenden Ölpreise, die das Pendel mal nach oben, mal nach unten ausschlagen ließen. Es stellt sich aber die berechtigte Frage, warum es zu keiner Inflation kommt, obwohl die namensgebende Aufblähung der Geldmenge in vollem Gange ist und schon Jahre anhält.

Es gibt darauf verschiedene Antworten: Entweder hat simultan zur expansiven EZB-Geldemission die *Giralgeldschöpfung* über die Kreditvergabe der Banken in gleichem Maße abgenommen, oder die Bürger sparen das Geld, wodurch es dem Konsum entzogen wird, oder das Geld hat sich andere Ziele gesucht, oder es ist eine Kombination aus allen genannten Punkten. Die ersten beiden Punkte dürfen die Ökonomen untersuchen, da kommt der Laie kaum an belastbares Datenmaterial, aber den letzten Punkt sieht zumindest der Einäugige, der Blinde womöglich nicht: Wir beobachten seit den genannten zehn Jahren eine enorme *Investitionsgüterinflation*. Die Aktienkurse steigen und steigen, es gibt einige Rücksetzer, aber der erwartete Crash bleibt aus. Einen so langen *Bullenmarkt* hat die Börse noch nicht gesehen. Simultan steigen die Immobilienwerte in ungeahnte Höhen und ziehen damit die allseits beklagten hohen Mieten nach sich. Das ist ganz logisch, denn wenn der Vermieter für sein Mietshaus das Doppelte bezahlen muss wie noch vor 10 Jahren, dann wird er sich das Geld irgendwo wieder reinholen müssen. Er ist ja Investor und kein Mitglied der Heilsarmee, der zum Spaß Wohnungen baut, um dann selbst pleitezugehen. Diese steigenden Mieten führen, durchaus berechtigt, zu sozialen Unruhen und gesellschaftlichen Verwerfungen. Aber es ist eben nicht der böse Markt, der hier versagt hat, sondern die inkompetente Politik mit ihrem verdammten Staatsinterventionismus. Und natürlich wird die Politik mit sozialistischen Maßnahmen (Mietpreisbremse, Enteignungen) weiter intervenieren und das Problem verschärfen, anstatt es zu lösen. Aber was soll's, ich bin ja kein Vermieter, mich werden sie schon in Ruhe lassen.

Der Staat reagiert, wie erwartet, eben nicht mit einer Deregulierung und einer Abkehr seiner verfehlten Politik, sondern expandiert weiter und mischt sich noch weiter in die Märkte ein. Mit einer staatlich gelenkten Industriepolitik will Peter Altmaier „nationale Champions" heranzüchten und bei Bedarf sogar große Aktienpakete deutscher Unternehmen aufkaufen. Klingt nicht so schlecht, oder? Doch, verdammt! Aktionäre sind die Inhaber der Unternehmen und wenn der Staat dann schließlich Inhaber der Unternehmen wird, dann ist das Sozialismus und damit das Ende von Freiheit und Wohlstand. Es gibt keinen „demokratischen Sozialismus". Sozialismus ist immer Planerfüllung, Zwang, Verzicht, Mangel, Überwachung und Totalitarismus, IMMER! Mietpreisbremsen, Mietpreisstopps und Enteignungen, wie gerade in Berlin (sozialistische Regierung!) praktiziert, oder zumindest ernsthaft diskutiert, zeigen, wo die Reise hingeht. Wir bewegen uns sehenden Auges in den sozialistischen Zwangsstaat, Stück für Stück und unter dem Applaus der Masse. Fast sämtliche Parteien spielen das Spiel mit, von den Dunkelroten bis zu den Schwarzen und von den Braunen ganz zu schweigen, die haben nur, Gott sei Dank, nichts zu melden. Nur die bösen Blauen und die armen Gelben opponieren. Nazis eben!

Ich weiß um ehrlich zu sein nicht, wie wir aus diesem Schlamassel noch heil rauskommen sollen. Die EZB kann weiterhin den Markt fluten und die Krise hinausschieben, und der Staat kann versuchen, weiter in die Märkte einzugreifen, aber damit steigt die Explosionskraft der Bombe nur weiter an. Für mich ist die große Krise ausgemachte Sache und in einer solchen Systemkrise wird alles auf den Kopf gestellt und Gewissheiten werden zu Ungewissheiten. Weder die soziale

Marktwirtschaft als (noch) freiheitliches System noch die Demokratie westlicher Prägung noch der Euro als Gemeinschaftswährung sind vor dem Zerfall sicher. Ich hoffe innigst, dass die kommende Krise ein reinigendes Gewitter darstellt und am Ende nur den Schmutz von der Straße spülen wird. Ich vermute aber, dass Freiheit und Wohlstand ebenfalls nasse Füße bekommen werden.

Egal, wessen Blut am Ende in den Straßen fließt – für uns alle gilt, darauf vorbereitet zu sein und mein oben aufgestellter Finanzplan ist eine gute Basis, auch für die Krise. Mit Investitionen in den Schwellenländern und einer weltweiten Streuung Deines Vermögens über viele Aktien und Währungen hinweg, minimierst Du das Risiko eines Komplettverlustes enorm. Die Investition in weltweite Aktien halte ich für weit weniger riskant als das allseits als sicher dargestellte Tagesgeld oder gar Staatsanleihen. Bei einer Erosion des Bankensystems nutzt auch keine Einlagensicherung und bei einer weltweiten Überschuldung der Staatshaushalte sind auch Staatsanleihen kein sicherer Hafen. Ein breit gestreutes Aktienportfolio (höchstens ein Viertel im Euroraum!) in Kombination mit Cash, Gold, Silber und einigen Devisen sind für den Totalzusammenbruch die beste Kombination, um gestärkt aus der Krise hervorzugehen oder sie zumindest finanziell zu überleben. Freilich wird der Staat auch hier zugreifen und in Zukunft den Aktienbesitz weiter unattraktiv machen (Finanztransaktionssteuer, Kapitalertragssteuer), aber es gibt kaum eine Alternative.

Mehr denn je gilt heute das Verbot von Konsumschulden und von ungedeckten Schulden aller Art. Plane stets konservativ, denn wenn es dem Staat dreckig geht, dann spart er zuerst bei seinen Angestellten und Beamten, und wenn Du im *casus belli* eine auf Press kalkulierte Immobilienfinanzierung an der Backe hast, dann bist Du von heute auf morgen raus aus dem Spiel und Du wirst nicht mehr frei, Dein ganzes Leben!

Und falls gar kein Crash kommt oder der Crash nur eine der üblichen Korrekturen ist? Völlig egal, denn die oben gezeigte Kombination der Anlageklassen mit einem hohem Aktienanteil ist sowohl im Boom, im Crash als auch in der Megakrise die beste Wahl. Du musst Dir also gar keine allzu großen Gedanken machen. Sitz die Sache aus, kaufe bei Bedarf Aktien nach und warte geduldig, bis es wieder aufwärts geht. Man kann sich über alles den Kopf zerbrechen und sich gewaltig ärgern, aber als Privatanleger und Arbeitnehmer kann man rein gar nichts daran ändern. Investiere also und hoffe, dass alles gut wird.

Ich könnte noch endlos weitermachen, aber ich denke, es reicht. Mir ist gerade nach einem 6-Euro-Kaffee von *Starbucks* und nach Vollgas auf der deutschen Autobahn, denn im Öko-Sozialismus gibt's nur Tempolimit und Muckefuck, natürlich Fair Trade.

Mit freiheitlichem Gruß!

Nicolas Kasteleiner

Wenn Dir das Buch gefallen hat und Du etwas daraus lernen konntest, dann würde ich mich über eine positive Rezension freuen.
